CIBERPSICOLOGÍA

Relación entre Mente e Internet

Dr. Juan Moisés de la Serna

www.juanmoisesdelaserna.es

PREFACIO

En este libro se aborda la nueva rama denominada la CiberPiscología, que estudia cómo se ha producido un cambio en la relación persona-tecnología, analizando cómo afectan los nuevos desarrollos al día a día de la persona, así como a la salud mental de sus usuarios. Todo ello avalado por una extensa bibliografía sobre las últimas investigaciones realizadas en este ámbito.

Las redes sociales, Internet y todo el avance tecnológico de los últimos años ha cambiado la forma de ver el mundo y de comportarnos, un cambio en muchos casos radical, que no podía pasar desapercibido a la Psicología, la ciencia del estudio del comportamiento humano.

El invento y manejo de útiles como el hacha o la aguja, primero, y máquinas como el coche o la computadora, con posterioridad, han revolucionado la forma de relacionarse con uno mismo y con los demás.

Para hablar con un familiar o amigo, basta con conectarse mediante Skype y que la otra persona esté disponible, independientemente del lugar donde se encuentre. Han sido muchos y muy rápidos los avances tecnológicos que se han sucedido en las últimas décadas, lo que ha obligado a que las personas, los usuarios de esa tecnología, se adapten a la misma para poder así aprovecharla.

En este libro se aborda cómo se ha producido ese cambio, y cómo afectan los nuevos desarrollos al día a día de la persona, así como a la salud mental de sus usuarios. Todo ello avalado por una extensa bibliografía sobre las últimas investigaciones realizadas en este ámbito.

Objetivo:
El objetivo del libro es servir como primera aproximación a la rama emergente de la psicología denominada CiberPiscología.

Para ello se tratan los temas más relevantes ofreciendo resultados sobre las últimas investigaciones desarrolladas en los 2 últimos años a lo largo del mundo sobre esta materia.

Todo ello explicado con un lenguaje claro y sencillo, alejado de los tecnicismos, explicando cada concepto, de forma que pueda servir como una verdadera guía de iniciación.

Destinatarios:
- Profesionales de la salud que se tienen que enfrentar a una clínica cada vez más compleja por los recientes casos provocados por el uso y abuso de internet y las nuevas tecnologías.
- A profesores que tratan de estar al día sobre los cambios que van observando en su alumnado.
- A padres preocupados por el beneficio o el perjuicio que las nuevas tecnologías pueden tener en la vida de sus hijos.
- A cualquier persona interesada en saber cómo la tecnología está incidiendo en la sociedad actual, transformando la forma en que se relaciona.

Temática
A continuación, se detallan cada uno de las temáticas principales de esta obra:
- Los Riesgos de Internet: Donde se analiza los nuevos fenómenos, síndromes y trastornos relacionados con la tecnología, que se están haciendo cada vez más presentes en la clínica
- Las Oportunidades de la Red: Abordando cómo está cambiando las relaciones sociales, pero especialmente las relaciones laborales, y cómo hay que estar preparado para ello.
- La Identidad Digital y los mundos virtuales: Donde se aborda cómo relacionarse en el mundo virtual, que a veces puede parecer tan alejado al que se conoce, pero en el que no se suele comportar tal y como se hace en la realidad, todo ello planteado desde la perspectiva de los últimos resultados de estudios obtenidos alrededor del mundo.
- La Psicología de las Redes Sociales: Las redes más populares como Facebook o Twitter, se han convertido en fuente de información que están empezando a ser analizadas por los investigadores, en este apartado se ofrece los primeros resultados de estos estudios novedosos.

- PsicoTecnología: En donde se diseña e implementan nuevas herramientas orientadas a mejorar tanto el diagnostico como el tratamiento de las diferentes psicopatologías. Lo que incluye el uso de la robótica y la terapia online entre otros.

Tenemos tecnología, que nos puede ayudar
pero andemos con ojo, nos puede perjudicar.

Solos estamos a veces, cuando estamos conectados
pero nos creemos otros, al háblale al teclado.

Fantasías trasmitimos, como no nos pueden ver
a los otros les contamos, lo que nos gustaría ser.

Limites hay que tener, y siempre asegurarnos
que esa tecnología, no vaya a apresarnos.

Horarios descontrolados, no nos deja ni comer
siempre estar enganchado, no lo debemos de hacer.

AMOR

ÍNDICE

Dedicado a mis padres

AGRADECIMIENTOS

Aprovechar desde aquí para agradecer a todas las personas que han colaborado con sus aportaciones en la realización de este texto, especialmente al Dr. David Lavilla Muñoz, Profesor Titular de Comunicación Digital y Nuevas Tendencias de la Universidad Europea y a Dª Daniela Galindo Bermúdez, Presidente de Hablando con Julis: la solución para la comunicación y el aprendizaje de personas con discapacidad.

AVISO LEGAL

© Juan Moisés de la Serna, 2015
Primera edición: diciembre del 2015
Texto Revisado: mayo del 2016
Colección: CiberPsicología
ASIN: B019H5AQFC
Depósito Legal: COl-157-2015

CAPÍTULO 1. CIBERPSICOLOGÍA: LA NUEVA PSICOLOGÍA

La CiberPsicología es una de las ramas más jóvenes de la psicología, surgido de la necesidad de La CiberPsicología es una de las ramas más jóvenes de la psicología, surgido de la necesidad de entender cómo afecta la tecnología a los individuos y de cómo van cambiando estos en función de un uso más o menos extensivo de los nuevos desarrollos.

Si bien, en muchas universidades no existe un programa sobre esta materia, es innegable la necesidad de analizar y comprender el comportamiento humano cuando se relaciona con la tecnología, ya sea que lo usemos para el ocio o para el trabajo.

La CiberPsicología por tanto incorpora el elemento tecnológico como eje central de su análisis, sin perder de vista que es la persona la que interactúa de una forma u otra. Describir y comprender los hábitos, usos y abusos de esa tecnología se ha convertido en el objeto de estudio de la CiberPsicología.

Hay que tener en cuenta, que, junto con las neurociencias, esta es de las ramas de la Psicología que más cambian, ya que ambas permiten ofrecer un mejor conocimiento a medida que los instrumentos de evaluación y observación son cada vez más sensibles y permiten ofrecer detalles que antes eran impensables.

Mucho se ha dicho sobre los efectos negativos del uso de Internet en el mantenimiento de relaciones sociales saludables, pero ¿Es esto así en todos los casos?

Los medios tecnológicos como el ordenador o los teléfonos inteligentes permiten estar ahora estar conectado con todos los amigos y conocidos, e incluso con antiguos compañeros de estudio gracias a aplicaciones de internet como Facebook en éste mundo cada vez más globalizado.

Pero hasta ahora se consideraba que un uso excesivo en número de horas de estos, o de otras dirigidas al ocio como ver la televisión, o escuchar música fomentaban el aislamiento social y con ello favorecían la aparición de la depresión.

Otros estudios en cambio consideraban que encerrarse en sí mismo, evitando el contacto humano, más allá del que proporciona la pantalla del ordenador o del móvil era consecuencia de un estado depresivo previo que lo originaba.

Algo que puede parecer contradictorio con los nuevos resultados, y con la idea de que los medios de comunicación como Internet que permiten estar más conectado y no aislado, entonces ¿Cómo alguien puede aislarse del mundo estando conectado a través de las redes sociales con tantas personas al otro lado de la pantalla?

Para resolver ésta cuestión se ha llevado a cabo una investigación por parte la Universidad de Nueva Inglaterra (Australia) cuyos resultados han sido publicados en la revista científica Open Journal of Depression.

En el mismo se evaluó a cuarenta y un adolescentes en dos momentos diferentes con una separación de un año, donde se emplearon varias medidas para examinar tanto el estado de ánimo, como el uso social de las redes a través de Internet donde se tenía en cuenta no sólo el tiempo invertido sino también la calidad de las comunicaciones.

Los resultados a pesar de apoyar una relación entre el estado de ánimo deprimido y el uso masivo de los medios de comunicación a través de Internet, establece que ésta relación es de tipo positivo, es decir, las personas van a encontrar el apoyo necesario con los que interactúa para sobrellevar sus situaciones personales negativas, convirtiéndose así en una herramienta de prevención de la depresión.

La diferencia con los resultados anteriores puede estar en que en éste estudio no se tiene en cuenta sólo el número de horas diarias invertidas en la comunicación masiva, que se ha demostrado estar relacionado con personas con tendencia a la depresión e incluso que puede ser determinante para un problema de adicción a las nuevas tecnologías, sino que también se ha evaluado la calidad de la misma, observando que una comunicación de calidad, es decir, donde se interaccione con personas significativas, que pueden servir de modelo o de ejemplo o simplemente sepan escuchar y apoyar cuando hace falta, es suficiente para ayudar a las personas a no caer en depresión.

A pesar del escaso número de participantes del estudio, las conclusiones parecen explicar los contradictorios resultados anteriores introduciendo un nuevo factor no tenido en cuenta hasta ahora, la calidad de la comunicación, siendo éste el determinante para que la relación tecnología-salud mental sea positiva o no.

A continuación, se presenta una serie de investigaciones sobre qué es lo que se está estudiando actualmente en éste ámbito y qué conclusiones se han extraído hasta el momento; para ello se presentan los resultados agrupados según su temática e estudio, el mundo virtual con sus avatares; las redes sociales más usadas, como Facebook o Twitter; y los softwares específicos para la neurorehabilitación.

Son muchas las demandas que recibe esta joven rama de la psicología, para poder contestar a las cuestiones que los profesionales de la salud e incluso los padres van planteando como, por ejemplo, ¿Qué riesgos entraña la tecnología en los más jóvenes?

CAPÍTULO 2. LOS RIESGOS DE INTERNET

Una de las mayores preocupaciones de los padres es con respecto al correcto manejo de las nuevas tecnologías por parte de los menores. Todo el mundo puede entender que la tecnología ofrece grandes beneficios, sobre todo en el ámbito laboral, e incluso en el doméstico, así las casas pueden disponer de una lavadora, microondas, hornillo eléctrico... todos ellos avances importantes que "liberan" un tiempo que con anterioridad podía ocupar buena parte del día.

En cambio, en la casa hay otros aparatos orientados casi en exclusiva al ocio, por ejemplo, la televisión, la radio o la computadora. Quitando el uso educativo y de aprendizaje que se pueda hacer de los mismos, por ejemplo, seguir un curso de idiomas a través de CDs, ver los documentales de la televisión o preparar las tareas con la computadora, aparte de ello, a los padres siempre les queda la duda sobre las consecuencias en los menores del abuso de estos aparatos orientados al ocio.

Aunque ya lo decían los pediatras, psicólogos infantiles y educadores, y así lo corroboraban algunas investigaciones al respecto, el informe del Public Health England no deja lugar a dudas sobre la influencia nociva de la televisión sobre la salud de los pequeños.

El informe recoge un estudio realizado en el que participaron cuarenta y dos mil menores ingleses, con edades comprendidas entre los 8 a 15 años, analizando las consecuencias nocivas del consumo excesivo de horas delante de la televisión, cuyas conclusiones no dejan lugar a dudas, informando que los que más tiempo pasan son los que obtienen una mayor deficiencia en los resultados académicos obtenidos por estos, además va más allá, y atribuye una relación directa del abuso de las horas delante del televisión con una baja autoestima y con el padecimiento de enfermedades del estado de ánimo como depresión y ansiedad.

A pesar de los beneficios que puedan atribuirse al proporcionar información y entretenimiento, cuando el tiempo dedicado a la televisión excede de las cuatro horas diarias va a producirse además un retraimiento en otras actividades ya sean académicas o de esparcimiento, facilitando con ello el aislamiento de su medio social.

Si bien es cierto, que el informe presentado no establece una relación causa-efecto, dejando abierto a nuevas investigaciones, el descubrir cómo se da ésta influencia, encontrándose entre las explicaciones posibles, que a mayor tiempo delante del televisor, menor tiempo dedicado a la interacción social con sus semejantes.

Como el tiempo es limitado, tanto para los más pequeños como para los adultos, por lo que cuando dedicamos buena parte del día a consumir programas televisivos, necesariamente estamos desatendiendo otras actividades que podríamos desarrollar.

En la etapa infantil son importantes las relaciones sociales, ya que éstas sirven para ir configurar a la personas, a la vez que se desarrollan habilidades comunicativas, y se forma la identidad mediante la comparación con otros y la pertenencia a grupos de iguales.

El cultivo de la amistad, es una actividad fundamental en ésta etapa de la vida, que requiere de mucho tiempo, y que se ve mermada en la medida en que se dedique este tiempo a la televisión, aunque sea para ver programas educativos.

El aislamiento y la falta de establecimiento de relaciones de compañerismo y amistad, con todas las experiencias que ello conlleva, tanto positivas como negativas; podría estar detrás de por qué estos pequeños presentan unos niveles más bajos de autoestima, ya que no están desarrollando habilidades sociales y de interacción que otros, a su edad, ya manejan perfectamente.

Quizás lo más preocupante de éste informe, es que se ha observado una relación entre el tiempo delante de la televisión y determinadas patologías psicológicas. Si bien es cierto, que con anterioridad se habían relacionado ciertas conductas como el sedentarismo y la mala alimentación, con problemas de salud como la obesidad, y en algunos casos, con la aparición de diabetes temprana. Relación que en principio puede afectar a cualquiera independientemente de su edad, pero que es especialmente preocupante cuando se produce en menores.

Los Trastornos de Depresión Mayor o el de Ansiedad, son las consecuencias más graves sobre la salud psicológica del menor que se informan en éste estudio, al pasar demasiado tiempo aislados delante de la pantalla de la televisión o del ordenador.

Con lo que se va a ir configurando un cuadro clínico de consecuencias, tanto físicas como psicológicas alrededor del menor que va a arrastrar durante la vida adulta, si no pone él o sus progenitores los medios necesarios para superar dicha situación.

Una vez conocidas las conclusiones del informe presentado por el Public Health England, sólo queda reflexionar sobre el papel de los progenitores o cuidadores, a la hora de dejar al pequeño a solas delante del televisor, sabiendo que a partir de las cuatro horas de estar viéndola, el pequeño va tener mayores probabilidades de sufrir baja autoestima, y con el tiempo estará más expuesto a padecer depresiones y trastornos de ansiedad, cuadros clínicos que van a requerir en el futuro de tratamiento adecuado por parte del especialista.

La Ciberadicción:
Pero los peligros para la salud estos jóvenes consumidores no quedan ahí, y aunque la tecnología es una herramienta y como tal depende del uso o del abuso que le demos, que pueda tener mayor influencia sobre la vida y las relaciones.

Actualmente, es difícil encontrar un estudiante que no use habitualmente Internet para sus labores o para ocio, por ello puede sufrir adicción a Internet.

Cada vez la incursión de las nuevas tecnologías se realiza a más temprana edad, prácticamente desde los primeros años de vida, los hijos ahora disponen de tabletas, y con unos años más tienen su propio Smartphone, con acceso a Internet.

Hoy incluso en las escuelas se fomenta el uso de las nuevas tecnologías, a través de las tabletas en sustitución de los libros, además de que el profesor usa su pizarra electrónica todo ello conectado a Internet, donde se diseñan materiales de consulta específicos para las clases.

Pero cuando uno empieza con Internet, no existe limitación en su uso, sobre todo cuando se adentra uno en los juegos o en las redes sociales, una actividad que cada vez va requiriendo de mayor tiempo, hasta que sin saber cómo se puede llegar a desarrollar una adicción.

Uno de los riesgos más destacados en este ámbito es el de la adicción a la tecnología, ya que hay que tener en cuenta que cualquier sustancia o actividad humana se puede convertir en adictiva siempre que se den las siguientes condiciones:

- Pérdida de control de la voluntad.
- Usar excesivo tiempo en dicha actividad quitándosela de otras ya sean relaciones laborales o sociales.
- Cierto nivel de aislamiento, a menos que sean "adicciones sociales"
- Con consecuencias negativas tanto económicas, emocionales como familiares, debido a dicha dependencia.
- Con "inclusiones" de pensamientos, haciéndose difícil no pensar en ello, y provocando una elevación de la ansiedad y del desasosiego cuando está un tiempo sin acceder a dicha adicción.

- Con consecuencias negativas en el desempeño académico.
- En algunos casos además conlleva cierta desatención personal que se puede mostrar con desaliño y falta de higiene.

Todo ello explicado por los mismos mecanismos neuronales que permite tender a repetir conductas. dado por sus consecuencias agradables y positivas facilitando así el aprendizaje.

Igualmente sucede con el uso de las nuevas tecnologías, las cuales, si dejan de ser útiles para el trabajo o la vida cotidiana, y pasan a ser "necesarios" o "imprescindibles" puede que se esté dando origen a una adicción tecnológica, ya sea al uso "excesivo" de nuevos terminales, teléfonos inteligentes, Smartphone o tabletas, así como del uso intensivo y "descontrolado" de servicios de mensajería instantánea, como Mesenger, Whatsapp, Twitter o Tuenti.

Esto ha provocado la aparición de fenómenos novedosos que no existían con anterioridad, por lo que se han tenido que crear nuevos términos para contemplarlo, como es el caso del F.O.M.O. (Fear Of Missing Out), o miedo a perderse lo último, es decir, la necesidad de estar pendiente de la redes sociales en todo momento para no perderse el último dispositivo móvil que ha salido o el último vídeo de su cantante favorito, identificado por la Universidad de Essex (Inglaterra) junto con la Universidad de California y la Universidad de Rochester (EE.UU.) publicado en la revista científica Computer in Human Behaviour.

Por su parte desde la Villanova Unversity (EE.UU.) se ha descrito por primera vez un nuevo fenómeno denominado "Sleep Texting", que se refiere al fenómeno de no tener un sueño regular, al producirse constantes interrupciones para leer los mensajes recibidos y mandar nuevos mensajes. Este fenómeno da cuenta de una disminución de la cantidad y calidad del sueño entre los jóvenes, que son los principales usuarios que lo padecen. En éste sentido se ha realizado por un estudio por parte de la Universidad de Washington y la Universidad Lee (EE.UU.) cuyos resultados han sido publicados en la revista científica Psychology of Popular Media Culture.

En el mismo se analiza la influencia del uso de M.S.N. (siglas en inglés de textos por mensajería) en la salud de los universitarios. En este estudio participaron ochenta y tres estudiantes, donde se analizaron la calidad de salud mediante el Pittsburgh Sleep Quality Index, el cual proporciona información sobre tres índices: el agotamiento, los problemas de sueño y las relaciones sociales.

Se quería estudiar el efecto en estos tres índices en función del número de mensajes que se recibían y enviaban durante el día, encontrando que se veían afectados negativamente los tres índices a medida que crecía el número de mensajes que tenían que "administrar", pero donde mayores efectos se encontraron fue con respecto a los problemas de sueño, donde a partir de unos niveles "moderados" de mensajes ya empezaban a provocar altos niveles de ansiedad y con ello dificultades para conciliar el sueño.

La menor cantidad y calidad del sueño va a traer consecuencias en la "vida diurna", con una menor capacidad retentiva y de atención entre los estudiantes, y si esta situación se mantiene en el tiempo, puede llegar incluso a afectar en la salud.

De ahí la importancia de "educar" a los más jóvenes en el uso de estos dispositivos electrónicos, ya que como se ha indicado, estos pueden generar problemas de desempeño y concentración, además de afectar en las relaciones sociales y lo más grave de todo, puede afectar a su salud, debido al mantenimiento de elevados niveles de estrés y a la falta de un sueño de calidad.

Y todo ello suponiendo que la persona, es "dueña de su voluntad", es decir, que todavía no ha caído en una adicción tecnológica, lo que acarrearía aún mayores efectos negativos. El principal problema de la detección de este tipo de situaciones, es que los padres no saben valorar hasta qué punto es algo "normal" o ya ha pasado la raya de lo adecuado y se ha convertido en insano.

Igualmente, la persona que lo sufre, a pesar de darse cuenta de las dificultades y consecuencias nocivas que le acarrea, es incapaz de reconocer que tiene un problema y que requiere de ayuda de los demás para superarlo, incluso que puede precisar de un especialista para superar su adicción.

Como se puede observar en el resultado anterior, la tecnología puede provocar graves dificultades en el día a día de la persona, tanto que puede poner en riesgo su salud, como en el caso de perjudicar la calidad y cantidad del sueño para tener que contestar los m.s.n. que se reciben.

Hoy en día es difícil pensar que un joven no conozca y tenga cuenta en Facebook, Twitter o Tuenti entre otros, ya que han nacido en la era de las redes sociales, considerándose unos "nativos digitales", es decir, aquellos que nacieron tras la década de los ochenta y que tuvieron desde pequeño acceso a las nuevas tecnologías.

Los que tienen unos años más, aquellos que nacieron antes de los años 80, tienen que hacer un esfuerzo por mantenerse informado y formado con esto de las redes sociales, y es a lo que se denomina "inmigrantes digitales", es decir, personas que nacieron sin estas posibilidades y que ahora tienen que adentrarse en éste mundo, a veces confuso y otras veces desconcertante, pero en todo caso útil y necesario.

Igual que con anterioridad se solicitaba para algunos puestos de trabajo tener el carnet de conducir y un nivel educativo mínimo, ahora se requiere que los candidatos tengan unas destrezas suficientes en el manejo del ordenador y de las redes sociales. A raíz de estas nuevas herramientas han surgido empleos impensables hace unos años, como el de Community Manager, responsable de foros y comunidades virtuales, o los más técnicos encargados de la promoción de los sitios web como los consultores S.E.O. y S.E.M., que buscan lograr una mayor visibilidad en las redes sociales y en Internet de una determinada marca o empresa.

Los jóvenes por su parte han ido incorporando las herramientas que ofrece esta nueva tecnología dentro de su vida, tanto académica como de ocio, ya son muchas las universidades que imparten parcial o totalmente su docencia on-line, pudiéndose conectar desde cualquier dispositivo fijo o móvil, como tabletas, iPads, o teléfonos inteligentes. Teniendo los docentes una doble función, la de organizar y grabar las clases a impartir y la de la tutorización virtual, para resolver las dudas que hayan podido surgir de las mismas.

Esto ha posibilitado abrir las puertas de las universidades a estudiantes de todo el mundo, con el único requisito que tengan las destrezas lingüísticas necesarias para seguir las clases, y eso sí, un dispositivo con conexión a Internet.

A este respecto, lo único que no se ha podido solventar ha sido a la hora de la realización de los exámenes, los cuales se exigen que sean presenciales, bien en la propia universidad o en un centro concertado en el país del estudiante. De forma que se dé veracidad de que el estudiante que se presenta al examen conoce adecuadamente la materia de la que se examina.

En mi caso particular, tras llevar varios años impartiendo docencia presencial en distintas universidades, tuve que realizar un curso de capacitación para poder continuar con mi labor docente, pero esta vez a través de las redes sociales, para lo que tuve que adaptar las herramientas tecnológicas que con anterioridad empleaba a las nuevas demandas, incluyendo la familiarización de plataformas de formación como Moodle, o el uso programas de videoconferencias para impartir la docencia on-line, lo que me permitió poder dictar las clases en España, tanto en la Península como en las Islas, a la vez que eran seguidas desde Iberoamérica.

Pero existen riesgos de Internet que surgen cuando el ocio juvenil se convierte casi en exclusiva en el uso intensivo de ésta tecnología, perdiendo el contacto social y a veces, el contacto con la propia realidad. Son muchos los estudios que se están realizando al respecto, a raíz de ésta nueva modalidad, en donde cada día se detectan nuevos casos de ciberadictos, es decir, personas que son incapaces de desconectarse de la red, facilitando el aislamiento social, y el descuido de la higiene mental y personal, asociado además a una alimentación impropia, todos estos riesgos de Internet producidos por una inadecuada educación sobre el uso correcto de la tecnología.

Se ha realizado un nuevo estudio por parte de la Universidad Médica Kaohsiung y el Hospital Hsiao-Kang (Taiwán), cuyos resultados han sido publicados en la revista científica J.A.M.A. Pediatrics donde se ha realizado un seguimiento a dos mil doscientos noventa y tres jóvenes durante 2 años, evaluados a los 6, 12 y 24 meses.

El objetivo de éste estudio era encontrar los factores predictores del padecimiento de adicciones a las nuevas tecnologías, para lo cual se evaluó el nivel de adicción a través de la escala estandarizada denominada C.I.A.S. (Chen Internet Addiction Scale), además de los niveles de depresión mediante la versión china del C.E.S.-D. (Center for Epidemiological Studies Depression Scale), el déficit de atención con hiperactividad evaluado mediante el A.D.H.D.S. (Attention-Deficit/Hyperactivity Disorder Self-rated Scale), la fobia social mediante el F.N.E. (Fear of Negative Evaluation Scale) y la hostilidad de los participantes mediante el B.D.H.I.C.-S.F. (Buss-Durkee Hostility Inventory–Chinese Version–Short Form).

Los resultados informan que aquellos jóvenes varones que tenían altos niveles de hostilidad mostraban mayores niveles de adicción después de los 2 años, convirtiéndose así en el mejor predictor de ésta psicopatología. En cambio, las adolescentes que participaron en el estudio, mostraron que el mejor predictor de la adicción futura se relaciona con padecer un trastorno por déficit de atención con hiperactividad.

Tanto en chicos como en chicas, no resultaron relevantes los niveles previos de fobia social ni de depresión, a la hora de predecir una futura adicción a las tecnologías. El estudio, además, ofrece un dato "revelador" en cuanto que, en sólo 2 años, más del 10% de los participantes se vieron afectados por la adicción a Internet, siendo insignificante la diferencia en el número de casos entre los "adictos" masculinos y femeninos.

De ahí la importancia de estos estudios, que muestran los riesgos de Internet en los jóvenes. Estudios necesarios para poder crear programas específicos para prevenirlo, haciendo especial hincapié en la educación, como factor determinante de la autorregulación en el manejo de las nuevas tecnologías, esto es, con una correcta educación cabe esperar que el joven sea capaz de usar adecuadamente la tecnología y no abusar de ella.

Además de lo anterior, y en el caso concreto de los jóvenes, esta educación tecnológica debe de ir acompañado de un programa de intervención en cuanto al correcto manejo de la hostilidad, y en las jóvenes en el diagnóstico y tratamiento del trastorno por déficit de atención con hiperactividad, con lo que evitar futuras complicaciones de adicción a Internet.

Los jóvenes pueden estar expuestos a esta ciberadicción, lo siguiente que deberíamos de conocer sería, ¿Es posible detectar la adicción a Internet en jóvenes?

Esto es precisamente lo que tratan de analizar desde la Universidad Payame Noor (Irán) cuyos resultados han sido publicados en la revista científica International Journal of Behavioral Research & Psychology.

En el estudio participaron trescientos ochenta estudiantes, ciento noventa y cuatro chicas y el resto chicos, todo ellos cursando en el instituto.

Se plantearon tres objetos de estudio, el primero, determinar hasta qué punto los jóvenes estudiantes sufren adicción a Internet, el segundo, comprobar si esa presencia de adicción se relaciona con el nivel de sinceridad que expresa dentro de la familia, y por último si existen diferencias entre género en las dos anteriores.

Para ello se empleó el cuestionario estandarizado I.A.T. (Internet Addiction Test) para evaluar el nivel de adicción a Internet de los jóvenes, y uno creado al efecto para evaluar el nivel de sinceridad en casa de los participantes.

Los resultados informan de que los chicos experimentan significativamente un mayor nivel de adicción a Internet que las chicas.

Igualmente, el nivel de falta de sinceridad intrafamiliar aumente a media que lo hace la dependencia a Internet, y por tanto se expresa significativamente en mayor medida en los chicos frente a las chicas.

Por lo que es posible detectar la adicción entre los chicos simplemente observando el nivel de sinceridad de estos en la familia, cuando empieza a buscarse excusas o a inventar motivos, puede ser un buen indicativo para sospechar que el joven puede estar empezando a sufrir adicción a Internet.

Regla que no se puede aplicar a las chicas, ya que estas, a pesar de sufrir menores niveles de adicción a Internet, cuando lo hacen, no se expresa con una menor sinceridad dentro de la familia, lo que a su vez hace más difícil su detección y por ello su intervención para que lo supere.

Esto indicaría que los chicos son más sensibles a sufrir este tipo de adicción relacionado con las nuevas tecnologías, lo que va a repercutir negativamente en la calidad de la convivencia familiar, al tratar de "esconder" su adicción.

Todo ello se puede emplear para establecer programas de prevención entre los propios estudiantes, para que desarrollen herramientas con los que enfrentarse a la adicción a Internet, e incluso entre los padres, para que estos tengan claros los primeros síntomas de la adicción para poder intervenir cuanto antes.

Aunque los resultados son claros, se precisa de más investigación para poder alcanzar conclusiones al respecto, ya que se trata de un estudio focalizado en una población con características específicas, no encontrándose el país entre los diez primeros a nivel de número de usuarios de Internet, empleado a diario por un poco más de la mitad de la población actual (53,3%), muy por detrás de países como Noruega, Islandia, Países Bajos, Suecia o Dinamarca, todos ellos por encima del 90%, según datos recogidos por Internetworldstats.

Hay que tener en cuenta que las consecuencias de la ciberadicción se consideran como expresión propia de una adicción comportamental, que ha de ser superada con intervención de un especialista, y que en muchos casos requiere como primera medida corta todo acceso del menor a Internet, tal y como se haría con otro tipo de adicciones.

El Ciberacoso:

Otro de los peligros de Internet es el ciberacoso, también conocido como ciberbullying, el cual es una extensión del fenómeno del acoso empleando en esta ocasión para ello los medios tecnológicos, ya sea por teléfono o por Internet; por el cual una persona (acosador) trata de minar y socavar la autoestima de otra (acosado o bullied), enviándole mensajes amenazantes, intimidatorios o chantajistas a través de servicios de e-mail o mensajería instantánea (tipo Chat o Messenger), S.M.S. o las redes sociales.

Antes de que se extendiese el uso de la tecnología, en el fenómeno de bullying, acoso o maltrato se producía un encuentro cara a cara entre el acosador y el acosado, acompañado normalmente de insultos, amenazas y burlas, pudiendo además desembocar en la agresión física como modo de conseguir aquello que quería el acosador, pero ¿Cuál es la incidencia del buylling escolar entre la población?

Esto es lo que trata de descubrirse desde el Instituto Universitario de Ciencias Médicas Krishna (India) cuyos resultados han sido publicados en la revista científica International Journal of Health Sciences and Research.

En el estudio participaron cuatrocientos pequeños escolarizados, con edades comprendidas entre los 8 a 14 años, de los cuales dos cientos eran niñas. A cada uno de ellos se les preguntó con una entrevista semi-estructurada basado en un cuestionario estandarizado para detectar buylling escolar denominado Olweus Bully/Victim Questionnaire, de ahí se extrajeron dos grupos, aquellos que sufrían buylling o lo habían sufrido en el último año y los que no.

A todos ellos se les pasó un cuestionario para evaluar los niveles de salud y de ansiedad a través del instrumento estandarizado K.I.V.P.A.

Los resultados muestran un alto nivel de buylling ya que de entre los cuatro cientos participantes, ciento treinta y seis lo habían sufrido en el último año, de los cuales cincuenta y nueve eran niñas y el resto niños.

Analizando el tipo concreto de bullying se observó cómo la agresión física directa fue la más común llegando al 60% de los casos, seguido de los insultos (37,5%) y los rumores (28%).

Entre los síntomas experimentados por los pequeños, estaba el dolor de estómago (24%), depresión (23%), dolor de cabeza (20%), y ausencias frecuentes de la escuela (18%).

De todos los que sufría buylling únicamente el 24% habían informado a sus padres o profesores sobre su situación.

Aunque el estudio está muy localizado y no se pueden extraer a otras poblaciones, es importante poner en evidencia los altos números de alumnos afectados, las distintas formas de expresarse, así como el bajo porcentaje de denuncia de los afectados.

En los últimos años, y gracias a las campañas de sensibilización, especialmente en el ámbito escolar, dirigidas tanto a profesores como a padres, se ha ido reduciendo el número de casos de acoso directo, dando paso al nuevo fenómeno del ciberacoso, auspiciado por la generalización del empleo de dispositivos móviles y el uso de Internet, además de por la idea de anonimato en la red, lo que da al acosador cierta creencia de impunidad de sus actos.

Algunos expertos distinguen entre ciberacoso y ciberbullying, siendo el primero aquel que se produce mediante el uso de nuevas tecnologías; restringiendo el término de ciberbullying únicamente a los casos en que el acoso procede de los iguales, compañeros de edad similar o un poco mayores, pero que normalmente comparten un mismo lugar de estudio, en ambos casos comparten el empleo de los dispositivos tecnológicos como medio de acoso.

Es especialmente preocupante el creciente número de casos entre adolescentes; por ejemplo, en España, casi un tercio de los menores de 17 años afirma haber sufrido ciberacoso, e incluso el 19% reconoce haber insultado en la red. En Latinoamérica, según datos del S.E.R.C.E. (Segundo Estudio Regional Comparativo y Explicativo) realizado por la U.N.E.S.C.O. (Organización de las Naciones Unidas para la Educación, la Ciencia y la Cultura), cuyos datos fueron obtenidos entre 2005 y 2009, más del 50% de los alumnos de primaria han sido víctimas de acoso escolar, un peligro que se potencia en la red.

Esta situación de ciberacoso va a tener las mismas consecuencias negativas para el acosado, tanto en la salud psicológica como física, que incluso ha llevado a alguno a perder la vida, debido a la desesperación que genera no ver salida a este acoso. De ahí la importancia de que en los últimos años se haya incrementado la conciencia sobre este problema, promovido desde distintas instituciones mediante programas de prevención y educación, orientados tanto a los más jóvenes para que denuncien, como para que padres y profesores sepan dar una respuesta adecuada a una situación nueva hasta ahora para ellos; pero si la escuela se está convirtiendo en el lugar más propicio para este tipo de acoso, ¿Se puede enfrentar el ciberacoso desde la propia escuela?

Esto es lo que se trató de averiguar desde la Universidad de Regents y la Universidad de City (Inglaterra) cuyos resultados han sido publicados en la revista científica International Journal of Emotional Education.

En el estudio participaron veinte universitarios con edades comprendidas entre los 21 a 30 años, de los cuales diecisiete eran mujeres.

Se les dividió en tres grupos, el del acosado, el del acosador y el del "público". A cada uno de ellos se les dio un papel, que a modo de role-play debían de interpretar y ponerse en la "piel" de su personaje, comentando entre los miembros del grupo los sentimientos y emociones que eso le generaba, para por último hacer una puesta en común de los distintos grupos

Los resultados cualitativos sugieren que los alumnos se identifican fácilmente con el papel del acosador, considerando al acosado como responsable de su situación, sintiéndole como fracasados y marginados, siendo difícil ponerse en el papel del acosado.

Lo que indica que es necesario trabajar sobre la figura del acosador y la violencia que entraña, como algo "socialmente aceptable" en un mundo competitivo, igualmente hay que trabajar sobre el papel del acosado, para poder transmitir correctamente su imagen, para mostrarla como víctima y no como un "perdedor social".

Aunque los resultados son reveladores en cuanto a los sentimientos sobre los que hay que trabajar, todavía hay que transformarlo en un programa de intervención educativa que pueda ser incorporado a otras escuelas y universidades, con lo que combatir de forma efectiva esta "epidemia" del ciberacoso que hasta ahora no parece frenarse si no es mediante la denuncia a la institución correspondiente.

Tras cada denuncia hay todo un mecanismo detrás, en el que intervienen distintas instituciones públicas como la policial o la judicial, que tratan de velar por la seguridad de los usuarios de Internet, pero únicamente puede intervenir a partir de que tiene conocimiento del ciberacoso, de ahí la importancia de que padres y profesores sean capaces de detectar los síntomas iniciales del acoso, para poder detener este, antes de que tenga consecuencias negativas para la salud física y mental del menor.

CAPÍTULO 3. LAS OPORTUNIDADES DE LA RED

Pero la tecnología no solo entraña peligros para sus usuarios, sino que también ofrece grandes oportunidades para aquellas personas que son capaces de formarse, adaptarse y usarla adecuadamente. La tecnología actualmente forma parte del sistema productivo, siendo imprescindible para el correcto desempeño de cualquier actividad, pero también, cuando se sale del puesto de trabajo, lo podemos encontrar en el ámbito de ocio, ocupando buena parte del tiempo, casi sin darse cuenta.

Los jóvenes a quienes se les ha denominado como nativos tecnológicos, prácticamente han nacido con el auge de la tecnología a través de tabletas, Smartphone, y empelando sistemas de comunicación inmediata como Facebook, Twitter o Tuenti. Ellos ven como "normal" e incluso imprescindible el uso de estos avances para cualquier actividad que vayan a realizar.

Los que tienen unos pocos años más, aquellos que la tecnología ha llegado a su vida cuando ya estaban formados, se denominan migrantes tecnológicos, y tienen que hacer verdaderos esfuerzos para poder "estar al día" de los avances y de las nuevas aplicaciones o dispositivos, ya que para ellos no deja de ser una herramienta nueva a la que tienen que dedicar mucho tiempo para poderla dominar, pero ¿Hasta qué punto usamos adecuadamente la tecnología en la búsqueda de trabajo?

Si definimos a la inteligencia, como la capacidad de dar una respuesta correcta ante una demanda, la inteligencia tecnológica, sería algo así, como la capacidad de emplear adecuadamente la tecnología a la hora de dar respuesta a una demanda.

Así, una persona que no es capaz de usar convenientemente la tecnología, no sólo se está "quedando atrás", sino que está perdiendo oportunidades laborales o de promoción interna en su puesto de trabajo, ya que lo que no responda adecuadamente lo hará otra que llegue después.

Tal es el caso de la competitividad a la hora de buscar empleo, si bien hace unos años, parecía garantizado el puesto de trabajo, transmitiéndose de padres a hijos el oficio, actualmente se debe de competir con otros para conseguir un puesto.

Y como en cualquier otro ámbito, también en este ha entrado la tecnología, así los empleadores ya no ponen anuncios en los periódicos, sino que contratan a empresas de selección de personal que anuncian las candidaturas por Internet, recogen los currículos, los filtran y entrevistan a unos pocos, antes de seleccionar al candidato ideal para el puesto.

Para lo cual, cualquiera que quiera acceder al puesto de trabajo, debe de saber usar convenientemente la tecnología para poder, primero enterarse de la demanda del puesto de trabajo, y luego responder convenientemente al mismo.

Algo que parece que se va implantando en cada país a distinta velocidad, así se puede observar esta evolución gracias a los datos facilitados por el gobierno abierto de la Unión Europea, sobre el porcentaje de la población con edades comprendidas entre los 16 a 64 años que usan Internet para buscar empleo o para enviar su currículo por Internet, existe una tendencia hacia incrementar dicho porcentaje año tras año, lo que indica que aquellos que tienen un mejor manejo en las mismas estarían teniendo mayores posibilidades que aquellos que no lo tienen. Siendo en el 2013 la media de usuarios alrededor de un 17%, cantidad considerablemente superior al escaso 10% del 2004.

Los países del norte de Europa: Suecia (29%), Islandia, Noruega y Finlandia (27%) y Reino Unido (26%), han sido los que tradicionalmente han ostentado porcentajes mayores del uso de Internet para encontrar trabajo. Por el contrario, los que han mostrado un menor uso de Internet en el 2013 han sido República Checa y Turquía (6%) y Rumanía (8%).

En el caso de España, únicamente se tienen registros desde el 2007 con un 10%, aumentando progresivamente dicho porcentaje hasta duplicarse en el 2013, situándose así por encima de la media europea.

Como se puede observar todos los países han ido evolucionando hacia un mayor uso de la tecnología en éste ámbito de la demanda de empleo mediante el uso de Internet, lo que da cuenta del avance de esta modalidad de comunicación entre empleador y candidato.

Queda todavía por conocer si estas tendencias observadas se mantienen en otros ámbitos diferentes del laboral, pudiendo determinar el "avance" de la sociedad en función del nivel de implicación tecnológica en sus actividades diarias más comunes.

Todavía falta comprobar si estos avances son iguales en función del género y de la edad, ya que no se esperarían diferencias en función del género, pero sí un mayor porcentaje de uso tecnológico para buscar trabajo entre la población juvenil frente a los de mayor edad. A pesar de lo cual, los resultados son un claro indicativo de cómo va evolucionando hacia un uso intensivo de Internet para encontrar trabajo a través de la red, ya que ninguna empresa actualmente se plantea no usar un procesador de texto o el e-mail para comunicarse con sus clientes, además de cuidar su presencia en Internet a través de una web; es por ello que no nos debe de extrañar si cualquier día nos "citan" para una entrevista de trabajo a través del Skype.

El programa Skype quizás es el más conocido y extendido de una serie de programas orientados a la videoconferencia, hoy en día existen nuevas alternativas que se están empezando a imponer como Google Hangouts, pero independientemente del programa que usemos para hacerlo, ¿Cuáles son las claves para una entrevista de trabajo a través de la videoconferencia?

Desde el punto de vista del empleador, es decir, el responsable de la selección de personal encargado de la entrevista ha tenido que adaptarse a esta nueva realidad, variando para ello un poco el modo de entrevista con respecto al tradicional cara a cara, ya que ahora no se disponen de muchas de las claves que sirven para determinar el nivel de confianza en uno mismo, ansiedad e incluso veracidad de lo que dice el entrevistado. La postura corporal, la forma de sentarse o de cruzar las piernas, el movimiento de las manos o los pies durante la entrevista han sido habitualmente empleados para conocer mejor al candidato, pero ¿Y ahora?, ¿En qué debemos de fijarnos?

- Lo primero es en el Nick de la cuenta, el cual dice mucho del perfil que usa para comunicarse en Internet con otros, así si se trata de su propio nombre o alguna cualidad personal será tenido en cuenta como positivo; si en cambio, hace referencia a algún hobby puede dar una imagen de falta de formalidad. Eso no quita que cada cual pueda tener el Nick que quiera, pero a la hora de realizar una entrevista de trabajo es conveniente usar uno personal que dé buena imagen de uno mismo.

- En caso de producirse problemas técnicos de conexión, por ejemplo, al interrumpirse y tener que volver a conectar, la forma en el que el entrevistado responde, con tranquilidad, paciencia y sobre todo profesionalidad van a ser claves en la evaluación.

- La forma de vestir, más o menos formal por parte del entrevistado da cuenta del interés que exhibe en la consecución del puesto, así si va con ropa "de andar por casa", porque de hecho está en su casa, puede interpretarse como "descuido" o falta de interés, a diferencia de si va con chaqueta o al menos más arreglado, tal y como lo haría en una entrevista presencial.

- El tono de la conversación, que aquello no se convierta en un chateo entre amigos, muestra también el interés por la consecución del puesto.

- A pesar de que siempre pueden surgir imprevistos, existen algunos tips que nos pueden indicar que aquello está improvisado, mostrando una falta de interés ya que no se han hecho las pruebas previas necesarias, por ejemplo, ante una correcta iluminación del cuarto y de la cara del entrevistado, un sonido demasiado bajo o que tenga muchas interferencias, que por el fondo de la pantalla se cruce algún familiar o amigo mientras la entrevista... son indicativos de "dejadez" en la preparación de la misma, aunque como se ha indicado todo debe ser matizado, ya que siempre pueden surgir imprevistos.

- Sobre el fondo que se ve en la parte de atrás del entrevistado, si es una pared en blanco, si tenemos cuadros, fotos o una estantería desordenada, todo ello proporciona claves de cómo somos.

- Si ya "queda mal" llegando uno tarde a la entrevista de trabajo porque no encontraba aparcamiento donde dejar el coche, ¿Qué justificación se puede dar si uno no es puntual a conectarse con Skype?

- Por supuesto, la higiene mostrada, una cosa es estar en casa y otra bien diferente es presentarse a una entrevista, aunque sea por Skype sin afeitar, sin colocarse "los pelos", ... todo ello da muestras de una falta de interés por la entrevista.

- Aunque el lenguaje no formal es fundamental en la comunicación, con Skype es poco lo que se puede ver, quizás el movimiento de las manos, o del cuerpo en caso de que se produzca, es por ello que en esta ocasión se aumenta la importancia del lenguaje verbal, tanto en cuanto al fondo del discurso como en la forma, atendiendo a aspectos del lenguaje como la cadencia, la tonalidad y fluidez del mismo.

- Además el uso correcto de Skype indica cierto nivel de manejo de informática, imprescindible hoy en día en la mayoría de los puestos de trabajo.

A pesar de todo lo anterior, hay que tener en cuenta que la entrevista por Skype no es más que una herramienta y probablemente sea un paso inicial en el que filtrar a ciertos candidatos, al igual que ocurre con el examen inicial de currículo, en el que se descartan para futuras entrevistas, a aquellos que no cumplen el perfil requerido. Una entrevista personal o la observación del desempeño durante el período de prueba van a ser decisivos para corroborar una correcta elección del mejor candidato para el puesto de trabajo.

Como vemos en este apartado, el uso de las nuevas tecnologías está cambiando la forma en que nos relacionamos incluso en el ámbito laboral, es por ello, que las personas que no sepan cómo adaptarse van a ir quedando relegadas en favor de los que se manejan adecuadamente con el uso de Internet y de las nuevas herramientas tecnológicas que han surgido en los últimos años.

CAPÍTULO 4. EL AVATAR Y LA IDENTIDAD DIGITAL

Uno de los procesos más destacables del bebé aparte de ir creciendo, es ver cómo poco a poco va tomando conciencia de sí mismo, formándose una personalidad que le otorga una identidad única y diferente del resto. En éste proceso de diferenciación va a jugar un papel destacado la madre, con quien al principio va a compartir una simbiosis que le hace no diferenciarse de ella. La madre es quien satisface todas sus necesidades. de cuidado y alimentación, pero pronto esa "fuente de satisfacción" se va a convertir en "fuente de frustración", esto sucederá cuando la madre no atienda inmediatamente a sus requerimientos, por ejemplo, de alimentación, o que no le dedique todo el tiempo que el pequeño demande.

Éste es el primer momento en el que se da una distinción entre el bebé como individuo y el "otro", la madre, éste conocimiento experiencial se va a ir consolidando a medida que el pequeño vaya tomando control de su propio cuerpo, creándose así el concepto de imagen personal en el que cada vez se irán incluyendo más elementos, desde los más obvios, dedos, manos, pies... hasta otros que irá descubriendo a medida que estos se vayan formando y que tendrán que ver con los rasgos dominantes de su personalidad.

El bebé va a ir pasando por distintas etapas hasta llegar a darse cuenta de que está "sólo" ante el mundo exterior, y que éste está compuesto de otros que a veces hacen caso de sus requerimientos y otras veces no. El bebé tiene por delante un gran reto y es el de formarse como persona, independiente y diferenciada de los "otros", los cuales siempre van a tener un papel importante ya que van a servir de modelo con el que identificarse, a la vez que le sirve para compararse.

El "otro" va a estar presente durante el resto de la vida, ya que, gracias a ello, somos altos porque otros son bajos, gordos porque otros son delgados..., con el "otro" somos lo que somos, más o menos que los demás, deseando y queriendo lo que el "otro" ha conseguido o tiene, convirtiéndose en fuente de motivación personal.

Pero hasta ahora estamos hablando de identidad personal como un concepto unitario, unívoco y estable a lo largo del tiempo, en cambio hay que recordar que ésta identidad está compuesta de distintas partes como son:

- La imagen corporal, en donde entra lo que pensamos sobre cómo somos físicamente, lo que somos capaces o no de hacer con la musculatura (correr, nadar...) así como los límites. Recordemos que éste es un factor importante en determinadas psicopatologías en que se encuentra distorsionada, tal y como sucede con la anorexia.

- La imagen mental de nosotros mismos, es decir, la consideración que tenemos sobre las habilidades mentales y sus límites (más o menos inteligente...), aspecto fundamental sobre el que trabaja el coaching, ya que los límites que creemos tener son los primeros que hay que superar para poder hacer frente a las dificultades y conseguir los objetivos que deseamos.

- La identidad sexual, el cual se refiere a cómo nos sentimos como hombre o como mujer, independientemente del fenotipo (atributos sexuales físicos diferenciales).

- La identidad social, que hace referencia a cómo nos sentimos en los distintos grupos de convivencia en los que participamos, ya sea la familia, la escuela, el trabajo... pero también el grupo de compañeros y amigos.

Actualmente dado la importancia que está cobrando la tecnología en todos los ámbitos de la vida se ha incorporado una nueva categoría:

- La identidad digital, que hace referencia a cómo nos vemos en la red, basado en los gustos, deseos y aficiones, pero también en la identificación con el Nick, foto de perfil o avatar, estableciéndose nuevas relaciones sociales al pertenecer a comunidades, foros o grupos de fans donde se interactúa.

La sociedad se construye con la transmisión de formas de pensar, valores y normas, pero en el mundo digital, esas formas se diluyen, ya que uno deja de pertenecer a un solo lugar y pasa a lo que se denomina "Aldea Global". En este mundo digital, las personas pueden ser lo que quieran, y presentarse a los demás como ellos mismos prefieran gracias a que tienen la oportunidad de formarse una nueva identidad digital.

En persona, cara a cara, y sin decir nada, se está ofreciendo gran cantidad de uno mismos, qué altura se tiene, qué peso, cuál es el color de pelo o de piel, incluso cómo se viste ... toda esta información es ajena en Internet, y es sustituida por lo que se decida sobre la identidad digital.

Ahora el comportamiento, no tiene por qué ser el mismo en la vida real y en Internet, así una persona puede vivir humildemente en su casa, y en cambio en la red "codearse" con banqueros o políticos, ya que las reglas por las que se rige la red es diferente.

Incluso de habla de que la red tiene su propia cultura, es decir, existen formas de pensar, valores y normas exclusivas de la red, que difícilmente pueden existir en la vida real, y no solo se trata de tener amigos diseminados por todo el mundo, sino que se expresa en fenómenos tan curiosos como el de compartir desinteresadamente, ya sean tiempo, archivos o conocimiento.

Así en los últimos años han surgido fenómenos como el crowdfunding, o financiamiento colectivo, por el cual una persona presenta un determinado proyecto en una plataforma especializada de crowdfunding para recibir apoyo económico de cientos e incluso miles de personas, con las que previamente no había tenido contacto.

Otro de los fenómenos es el Crowdlearning, donde las personas comparten su conocimiento desinteresadamente con el resto, de forma que un médico, ingeniero o mecánico pueda exponer y compartir su experiencia y destreza, para que otros puedan aprender de ello.

Algunos estudios han señalado que estamos ante una nueva forma de pensar, sentir y expresarse del individuo, es decir, ante una auténtica e-personalidad, o personalidad virtual, una alternativa del individuo que emplea únicamente en Internet, pero que incluso puede llegar a afectar a la personalidad off-line o personalidad "real".

El hecho de que en ocasiones no coincidan dichas personalidades, es porque se usan en "mundos" diferentes, donde se establecen relaciones sociales con personas distintas, alejadas de los compañeros y amigos "reales".

Hace años que se surgió el concepto de comunicación hiperpersonal, para referirse a las posibilidades que ofrece la red para ser un "mejor comunicador", superando las limitaciones de la "realidad", sin "interferencias" de cómo somos físicamente, expresándonos de una forma más abierta y próxima a las personas que nos encontramos en la red, conformándose así nuevas relaciones que de otra forma no se podrían tener en la vida real.

Las redes sociales actualmente son parte de lo que somos, sobre todo de los más jóvenes, influyendo en el nivel de narcisismo.

La forma de expresarse en las redes para conseguir un mayor reconocimiento social "virtual", refuerza los comportamientos narcisismo en la red.

Si al principio algunas redes sociales buscaban conectar a amigos y compañeros de clase, tal y como fue el origen de Facebook, pronto los amigos de la "realidad" dejaron paso a los virtuales.

Ya no se necesita que conozcas a alguien para que le agregues a tus redes sociales como "amigo", ya que cuanto mayor número de personas agregadas, mayor será tu "caché" en Internet, situaciones que ha llevado incluso a empresas a ofrecer un número determinado de "amigos", cientos o miles, por unos cuantos dólares.

Todo ello no hace sino fomentar y reforzar el narcisismo de la persona, al verse "popular", en un mundo virtual, atención que no consigue en su vida "real", lo que hace que se fomente esta conducta en las redes, para aumentar esa sensación agradable otorgada por el narcisismo.

Así, algunos autores han señalado que precisamente este narcisismo es el verdadero motivo por el que las redes sociales tienen tanto éxito entre los más jóvenes, los cuales están en una etapa evolutiva donde los iguales se convierten en su fuente de comparación, estando las acciones "bien o mal" en función de que "los otros" lo aprueben o no, pero ¿Sabes cuál es tu nivel de narcisismo expresado en la red?

Esto es precisamente lo que trata de explorarse desde la Universidad Central Nacional (Taiwán) cuyos resultados han sido publicados en la revista científica Psychology.

En el estudio participaron cuatrocientos setenta y un estudiantes universitarios con edades comprendidas entre los 19 a 24 años, de los cuales doscientos veintiuno eran mujeres.

Todos ellos respondieron al N.P.I.-40 (Narcissistic Personality Inventory), con el objetivo de validar los cuarenta ítems que lo componían y los factores de narcisismo que se evaluaban, en concreto fueron siete, el grado de influencia de la persona en la red; el grado de influencia de los demás a la hora de tomar decisiones en la red; el grado en la que la personas se siente "brillante" y superior en la red; el grado de exponer todo en la red; la tendencia a la manipulación de otros en la red; el grado en que se busca uno a sí mismo en la red; y el grado en que cree que la red le proporciona beneficios en su vida.

Los resultados muestran la validez y fiabilidad de la prueba desarrollada, evaluando correctamente el nivel de narcisismo de los usuarios de Internet.

Tal y como han señalado los autores en su artículo, el no disponer de una herramienta para evaluar el nivel de narcisismo en Internet, suponía una gran traba a la hora de realizar investigaciones con respeto a la personalidad en la red.

La creación de un instrumento de evaluación es siempre un paso adelante en el conocimiento ya que permite comprender mejor los fenómenos observados, de forma que ahora se puede comparar el número de horas empleadas o las redes sociales más usadas con el nivel de narcisismo del usuario para así ver si existe correlación entre ambos.

Igualmente se pueden realizar comparaciones con otras características de personalidad que se conocen que tienen una importante influencia en las redes sociales, como es el nivel de obsesión de los usuarios, el cual se ha visto que correlaciona positivamente con el uso intensivo de las mismas, siendo un buen predictor a la hora de evaluar los posibles comportamientos adictivos dentro de las redes sociales.

Cuando se adentra en el mundo de Internet, no lo hacemos cara a cara con las personas si no que utilizamos un Nick, o nombre de usuario y un avatar.

El avatar es el personaje que se emplea para interactuar con los demás en la red, que, en el caso de los mundos virtuales, suele ser en tres dimensiones.

Guardando en algunos casos cierto parecido a los personales, y en otros es totalmente opuesto o nada que ver con su forma física. Igualmente, a la hora de interactuar a través de estos avatares, la persona se puede expresar como es, o comportarse de una forma que no lo haría en la vida "real".

Así, se establecen relaciones sociales, e incluso de pareja, con avatares de personas a los que a lo mejor nunca van a ver en su vida. A pesar de lo cual, se puede intercambiar información, experiencias y sentimientos, e incluso formarse en alguna materia de interés, todo ello gracias a un proceso de socialización en línea, fundamentado en la interactividad virtual en donde se conocen a nuevos usuarios con los que se comparten y de los cuales se aprende.

Mi experiencia personal con respecto a los avatares y los mundos virtuales es limitada, pues, aunque exploré la posibilidad de incorporar algún tipo de terapia a través de estos canales, pronto descubrí que se encontraban más bien orientados al ocio. En concreto exploré la que se considera la mayor comunidad en este ámbito Second Life, con más de un millón de usuarios y en el que cada día se incorporan cientos de ellos nuevos.

En realidad, Second Life es una sucesión casi infinita de mundos virtuales, unos privados, otros públicos, y en cada uno de ellos, existen micromundos de personas que se conectan e interactúan con más o menos regularidad. El software de distribución gratuita permite tener un avatar, un personaje tridimensional con el que interactuar con los demás, pudiendo escoger cualquier cualidad física, como la altura, el peso, el género o el color de la piel, igualmente puedes cambiar de vestimenta cuantas veces quieras, e incluso ir disfrazado.

La parte de pago de Second Life permite seleccionar muchas más características personales, ropa, e incluso alquilar "parcelas" virtuales donde construir tu propio micromundo, que podrás habilitarlo como público o privado, permitiendo en este segundo caso, entrar a las personas que invites. Existen muchos lugares públicos que son "copia" de algún monumento, ciudad o calle famosa, así el avatar se puede desplazar para conocer nuevos lugares, visitar museos, o hablar con las personas que se va encontrando por la calle.

Uno de los aspectos que me comentaron los expertos a los que consulté, cuando empecé a explorar los mundos virtuales, fue que las personas con las que se contacta, difícilmente van a proporcionar ningún dato sobre su vida "real", por lo que independientemente de género, altura o peso del avatar, no vas a poder estar seguro de quién está detrás del mismo.

A pesar de estas limitaciones, las empresas e incluso las instituciones educativas han visto su potencial y tienen su presencia allí para acercar su oferta a los usuarios, así como para proporcionar espacios de intercambio a los mismos. Un caso notorio en cuanto a la divulgación de materias relacionadas con la salud en Second Life, es la Isla de Salud, dirigida por la S.E.M.F. Y C. (Sociedad Española de Medicina Familiar y Comunitaria) y la Coalición de Ciudadanos con Enfermedades Crónicas, donde se reúnen profesionales de la salud a impartir charlas y a contestar a las cuestiones que planteen los usuarios conectados en esos momentos.

Actualmente se está desarrollando un gran flujo de investigación sobre la identidad digital, tratando de comprender cómo afecta a la vida cotidiana, facilitándola o interfiriéndola, con investigaciones para conocer cómo afectan los sentimientos "experimentados" de forma virtual en la vida "real".

Una de las grandes ventajas de las nuevas tecnologías es que permiten una mayor democratización, teniendo todos, el mismo valor a la hora de opinar. Al menos eso era la teoría, hasta que empezaron a surgir los líderes de opinión, que a veces se correspondían con profesionales como periodistas o políticos, pero también empezaron a surgir blogueros que por su carisma o su forma de expresar reúnen tras de sí miles de seguidores, que diariamente le leen con asiduidad, y sus palabras tienen gran valor, tanto que las empresas se los sortean para que les haga publicidad de sus productos. Estableciéndose así una clara diferenciación entre usuarios, pero si se trata de diferencias entre internautas, ¿Existe también la posibilidad de la exclusión social a través de Internet?

Eso es precisamente lo que ha tratado de contestar un estudio de la Universidad de Vienna (Austria) cuyos resultados han sido publicados en la revista científica Proceedings of the International Society for Presence Research.

En el estudio participaron cuarenta mujeres con edades comprendidas entre los 18 a 29 años, las cuales desarrollaban una serie de actividades en un mundo virtual a través de un avatar mientras se observaba su conducta a la vez que se realizaban registros fisiológicos para compararlos. El experimento incluía también similares características para otra parte del grupo, pero ésta vez interactuaban físicamente, cara a cara en las mismas situaciones.

A la mitad del grupo se les hizo pasar por una tarea en donde un "cómplice" del experimentador hacía sentir al participante incluido en lo que hacía; en cambio a la otra mitad lo que hacía el "cómplice" es excluir al participante.

Los resultados informan de que no se han encontrado diferencias en las medidas de satisfacción y de arousal (el grado de impacto de las emociones percibidas) evaluado para las participantes, lo que implica que la "vivencia virtual" ya sea de inclusión o de exclusión es tan "vívida" como la propia realidad del cara a cara.

A pesar de que los resultados parecen claros, queda por preguntarse qué hubiese pasado si en el estudio también se hubiese incluido un grupo de chicos con el que comparar, probablemente los efectos encontrados aun yendo en la misma dirección serían más contundentes, ya que la agresividad mostrada por los varones ante la frustración, o como en este caso ante las conductas de exclusión de otros, suele ser más directa y explosiva.

Aunque los autores no entran a valorar las implicaciones de sus resultados, es evidente que, si la línea entre lo virtual y lo real no existe, hay que empezar a considerar qué ven o juegan los adolescentes en el ordenador, y cómo mantienen sus relaciones virtuales, una preocupación que tienen que tener los padres, tal y como harían si su hijo sale con unos amigos que no conoce o a hacer algo que no conoce lo que es.

Sabiendo que la mejor prevención es la educación, pero para poder educar a "consumir" adecuadamente los productos y servicios que se ofrecen en la red, para ello, es importante que los padres sepan manejarse adecuadamente para poder enseñar a su hijo a saber "elegir" y comportarse de forma virtual tal y como lo haría en persona.

CAPÍTULO 5. LA PSICOLOGÍA DE LAS REDES SOCIALES

Las redes sociales se han convertido en la forma de comunicación más habitual entre los jóvenes, donde pueden compartir y comentar lo que piensan o sienten.

Día a día va creciendo esta opción, y creándose nuevas redes sociales que intentan aglutinar a nuevos usuarios.

La ventaja de estas redes en comparación con otros medios como blogs o foros, es la inmediatez de la comunicación.

Mi experiencia en cuanto a redes sociales es relativamente reciente, de apenas 2 años y poco, y todo a raíz de una entrevista de trabajo, en el que me ofrecían se director de un departamento de Psicología, pero la persona que me entrevistó le extrañó mi nula presencia en Internet.

Por aquel entonces mi interés en las redes sociales era nulo, ya que me mantenía mis contactos a través de los e-mails o por teléfono. Aunque al final no superé la entrevista, aquello me hizo reflexionar y plantearme que me estaba perdiendo de algo, mi presencia en Internet, y que eso había podido influir negativamente en la valoración de mi currículum.

Así que a los pocos días me abrí perfiles en Twitter, Facebook y Google+, donde mantengo una intensa actividad, que ha sido "recompensada" por multitud de contactos y de seguidores.

Además, y como parte de mi compromiso con la divulgación científica cuento con un blog denominado Novedades en Psicología, donde cada artículo que publico en mi blog sobre los últimos avances en las distintas materias de psicología y las neurociencias, luego las comparto a través de mis redes sociales, consiguiendo miles de seguidores que se traducen en una media de mil visitas al día en el blog.

Pero quizás de la labor en las redes que personalmente me siento más orgulloso es de lo conseguido en LinkedIn, que a diferencia de las anteriores se trata de una red profesional, donde tengo más de tres mil quinientos profesionales de la salud mental que me siguen para conocer las últimas publicaciones que realizo.

Redes sociales en donde dedicamos tiempo y energías en responder, compartir y dar "Like", para mantenernos al día sobre las últimas publicaciones del tema de interés o simplemente para estar en contacto con las personas que nos interesa.

Todo ello es una actividad humana, que puede y debe de ser analizada, para ayudarnos a comprender y a describir lo que sucede en el ciberespacio, es decir en Internet.

Actualmente se están desarrollando gran cantidad de datos que pueden ser analizados, sobre la frecuencia de uso, en qué redes dedicamos más tiempo, qué hacemos en cada red, con quienes contactamos, ..., algo que en principio no parece ser de interés, se ha observado que sirve y mucho para comprender cómo somos.

Las últimas investigaciones señalan que tal y como cada uno sea en la realidad, así se comportará en Internet, por lo que se puede realizar el estudio al revés, sabiendo cómo se comporta en la red, podemos averiguar cómo es cada uno.

Una herramienta imprescindible para las ciencias sociales, tal y como la sociología o la psicología social, ya que permite observa cómo van cambiando los grupos en Internet, su interacción, y con ello la sociedad en donde están.

Pero también es de interés a nivel psicológico, tanto a la hora de detectar psicopatologías como para poderle ofrecer soluciones personalizadas al usuario.

A continuación, se exponen las últimas investigaciones psicológicas de Internet separas en función de la red social objeto de estudio y análisis.

Facebook

Cada día dedicamos más tiempo a estar conectados a través de las distintas redes sociales, ya sea por mantenernos informados, o simplemente para compartir con otros.

Si algo ha caracterizado a esta última década ha sido en la inclusión de la vida de todo tipo de redes sociales, orientados a facilitar la vida. A golpe de ratón se puede hablar con el mejor amigo, o con un colega al otro lado del mundo, a la vez que se reciben las últimas noticias sobre lo que sucede en Japón.

Pocas cosas son las que actualmente no se pueden hacer a través de las redes sociales, ya sea estar conectados a un chat, un foro, o un grupo de discusión sobre la temática de interés, donde cualquier persona puede compartir y opinar sobre dicho tema.

Algo que se ha visto como un peligro entre los más jóvenes, ya que son estos los que mayor tiempo dedican a las redes sociales, lo que en ocasiones puede repercutir negativamente en el desempeño académico del estudiante, pero ¿Son las redes sociales reflejo de lo que somos?

Esto es precisamente lo que se trata de investigar desde la Universidad Monash (Malasia) cuyos resultados han sido publicados en la revista científica Cyberpsychology: Journal of Psychosocial Research on Cyberspace.

En el estudio participaron ciento cincuenta y ocho estudiantes universitarios, con edades comprendidas entre los dieciocho a veinticuatro, de los cuales el 77% eran mujeres. De todas las redes sociales empleadas por estos jóvenes se decidió por elegir la red social Facebook, debido a la extensión y popularidad en su uso. Para ello se evaluó el nivel de intrusión de esta red social en la vida diaria a través de un cuestionario estandarizado denominado F.I.Q. (Facebook Intrusion Questionnaire).

Igualmente, para observar si se produce este "reflejo" de la persona en las redes, se analizó una característica de personalidad como es el nivel de obsesión. Para ello se evaluaron a los participantes a través de dos cuestionarios estandarizado, el O.C.I.-R. (Obsessive Compulsive Inventory-Revised) y el O.B.Q.-20 (Obsessive Belief Questionnaire-20). La investigación trata pues de descubrir si la forma de comportarse en la red social Facebook va a variar o no en función del nivel de obsesión de cada persona.

Los resultados muestran que las creencias y comportamientos obsesivos se van a ver reflejados significativamente en el uso de Facebook, de forma que aquellos alumnos que tenían mayores niveles de obsesión, eran también los que realizaban un uso más intensivo de esta red social.

A pesar de la claridad en los resultados hay que tener en cuenta las limitaciones del estudio, ya que se trata de una población muy concreta con una idiosincrasia específica como es la de Malasia, y además todos los participantes son universitarios, por lo que requeriría de nueva investigación antes de poder extrapolar los resultados a todos los jóvenes.

Otra de las limitaciones de estudio es que la información que se obtiene proviene del uso de los cuestionarios estandarizados, basados en la respuesta del participante, y no tanto en lo que realmente hace. Hoy en día existen Apps, los cuales son pequeños programas que se instalan en los Smartphone y que van registrando el uso que se hace a través del mismo, lo que permite conocer exactamente cuánto tiempo se dedica a estar conectado a las redes sociales a través del móvil, lo cual proporcionaría una medida más fiable que el uso en exclusiva de los cuestionarios estandarizados.

Con estos resultados, parece claro que al final se expresa tal y como cada uno es en lo que se hace, ya sea al comunicarse de forma presencial, cara a cara, o a través de las redes sociales. Así y pesar del avance de la tecnología todavía podemos ver personas hablando por el teléfono moviendo las manos para dar mayor ímpetu al mensaje que expresa, aun sabiendo que la otra persona no le va a poder ver.

Pero los resultados anteriores llevan a plantearse lo siguiente, si se es igual en el mundo real que en el virtual, ¿Qué pasa con los roles que le ha tocado vivir a cada uno?, ¿Se convierte la red en un lugar de "liberación" de los mismo o no?

Esto es precisamente lo que trata de explorarse conjuntamente desde la Universidad de Nueva Gales del Sur (Australia) y la Universidad del Oeste de Inglaterra (Inglaterra) cuyos resultados han sido publicados en la revista científica Psychology of Women Quarterly.

En el estudio participaron ciento cincuenta estudiantes universitarias con edades comprendidas entre los 17 a 25 años, todas ellas mujeres, y con un peso promedio normal, evaluado mediante la fórmula de peso dividido entre la altura al cuadrado.

A las participantes se les preguntó mediante cuestionario ad-hoc on-line sobre sus hábitos en el consumo de ocio, televisión, revistas, músicas… incluido las redes sociales, para lo cual debía de identificar el número de horas que dedicaba a cada una de estas actividades. En el caso de la red social Facebook, debía de indicar con qué frecuencia lo revisaba. Y en el caso de las revistas leídas, si estas solían ser o no de moda.

Igualmente se evaluó la tendencia de cada una de ellas a compararse con el resto a través de la escala estandarizada denominada Upward and Downward Appearance Comparison Scale; se solicitó la misma información, pero esta vez, sobre la comparación dentro de la red Facebook, con los "amigos" y usuarios de dicha red. Por último, se evaluó mediante el S.O.Q. (Self-Objectification Questionnaire) la imagen personal que tenía de sí misma, como "mujer-objeto" o no.

Los resultados muestran que las jóvenes universitarias muestran una alta correlación entre el uso que se hace de Facebook el uso de la mujer como objeto de deseo, esto es, en la red se sigue manteniendo los cánones sociales de "mujer-objeto" que en la vida real; ya que se obtuvieron los mismos resultados que en la relación entre la mujer como objeto de deseo y las revistas de moda.

Esto es, la presión de la sociedad que sufren especialmente las jóvenes por tener una "cara bonita" y un "cuerpo perfecto", lo van a sufrir tanto en su vida real como en la virtual, y eso, que todas las participantes tenían un peso normal, pero ¿Qué pasaría con aquellas que tiene sobrepeso?

Si se mantiene la misma presión o incluso es menor en la red, está en vez de convertirse en un lugar de ocio y esparcimiento, puede convertirse en una continuación de las normas sociales en donde se vie, perpetuando así los cánones de belleza y la presión que las jóvenes sienten como "mujeres-objeto".

Una de las principales limitaciones de este estudio es que la información se extrajo mediante autoinformes, cuando actualmente existen programas de "rastreo" capaces de identificar qué tiempo se está conectado, qué servicio de red está empleado e incluso con quién ha conectado, información toda ella más objetiva que la anterior.

Hay que tener en cuenta que la población objeto de estudio han sido las jóvenes universitarias, por lo que hay que investigar en otras poblaciones antes de poder establecer generalizaciones al respecto

A pesar de lo anterior, los resultados parecen claro, en cuanto que los "cánones sociales" son transmitidos y mantenidos en la red, limitando con ello las posibilidades que ofrece Internet a la hora de crear y mantener una identidad digital, independiente de las "exigencias sociales" del lugar de donde se viva.

Algo que es preocupante, ya que quiere decir, que en las "sociedades machistas", los valores que se inculcan e imponen, van a seguir manteniéndose entre las jóvenes, incluso aunque se encuentren en un mundo virtual.

Tal y como sugieren los autores del estudio, se trata de una primera aproximación a esta problemática de la imagen digital entre jóvenes, siendo necesario la incorporación de nueva investigación que sea capaz de explicar mejor este fenómeno, e igualmente sirva para poder establecer planes de prevención, para que la imagen de la mujer como objeto de deseo no se siga difundiendo.

Desde que ha irrumpido en la vida de los jóvenes las redes sociales, se ha producido un fenómeno novedoso, el de la adicción a Internet.

Si bien el fenómeno de la ciberadicción es reciente, este ha ido evolucionando rápidamente, así los primeros adictos a los videojuegos o a Internet, pasaban horas y horas sin salir de sus cuartos, incapaces de desconectarse de los juegos de rol o de cualquier otro videojuego para sumar más puntos y aumentar en el ranking mundial; como si eso fuese lo más importante de todo.

De estos primeros casos surgió el término del síndrome de "hikikomori", originariamente identificado en Japón durante la década de los ochenta y noventa. Los jóvenes que lo sufrían, literalmente daban la espalda a la sociedad, y se negaban a interactuar con los demás, si no era a través de las computadoras.

Algo que en ocasiones llevaba a una mala nutrición e incluso al abandono de la higiene personal.

Ejemplo de ello se han observado en mayor o menor grado a lo largo del globo, donde la pantalla del ordenador se convierte en la "realidad" del joven, no existiendo nada más allá fuera de las cuatro paredes de su cuarto.

Actualmente, y gracias a los dispositivos móviles, como las tabletas, iPads, Smartphone o teléfonos inteligentes, ya no es preciso quedarse en casa para estar conectado a Internet.

Además, la incursión de las redes sociales ha hecho que las posibilidades de comunicación aumenten, más allá de los videojuegos, o chat de hace unos años, lo que ha traído como consecuencia un incremento del número de casos de adicción a Internet, pero ¿Cuál es el porcentaje de adictos a Facebook?

Esto es precisamente lo que ha tratado de responderse desde el Departamento de Sistemas de Información y el Departamento de Fundamentos de la Educación y Ciencias Sociales, Facultad de Educación, Universidad Tecnológica de Malasia (Malasia), junto con el Departamento de Cómputo y Tecnología de la Información, Universidad Islámica Azad (Irán) cuyos resultados acaban de ser publicados en la revista científica International Journal of Information and Education Technology.

En el estudio participaron cuatrocientos cuarenta y un estudiantes universitarios con una media de 24 años, de los cuales el 49% eran mujeres.

A todos se les evaluó mediante la escala estandarizada para conocer el nivel de adicción a Facebook denominada B.F.A.S. (Bergen Facebook Addiction Scale), igualmente se evaluó el nivel de locus de control mediante el L.O.C. (Locus of Control) y el nivel de egoísmo personal mediante Barron's Ego Strength Scale; además se recogió información sobre la religión y la procedencia del estudiante.

Los resultados informan que los jóvenes mostraban niveles muy elevados de adicción a Facebook, llegando al 47% de los mismos, esto quiere decir que casi la mitad de los usuarios de Facebook eran adictos a esta red social.

Estos resultados se mantienen a pesar de la procedencia (malasio o no malasio), religión que practicasen (musulmana, cristiana, budista, ...) e incluso género de los participantes.

Los autores no entran a valorar estos datos ni las implicaciones sobre la salud mental de los jóvenes, ni sobre sus relaciones sociales.

Una de las limitaciones del estudio, es que la selección de los participantes, se realizó entre aquellos que usaban habitualmente las redes sociales, es decir, los resultados reflejan que entre los usuarios habituales se produce estos niveles elevados de adicción, pero no dice nada de aquellos jóvenes que no usan las redes sociales con tanta frecuencia.

Hay que tener en cuenta que el estudio se realizó únicamente con universitarios, no pudiendo extender los resultados al resto de la población, ni siquiera a la juventud, ya que pueden estar influyendo variables tan destacadas como el nivel socio-económico o la cultura de los usuarios de Facebook, aspectos que no se analizan en este estudio.

A pesar que los autores del estudio se han decantado por analizar los niveles de Facebook, debido a la popularidad de esta red, y su creciente número de usuarios, que actualmente se ha contabilizado en cerca de dos billones; no se ha realizado un análisis comparativo con otras redes sociales para tratar de comprender si es un fenómeno propio de Facebook, o de cualquier otra red como twitter o google+.

Por lo que se requiere de nuevas réplicas para poder establecer al respecto.

Igualmente habrá que tener en cuenta si los adictos a Facebook son adictos exclusivamente a esta red social, o a otras o a todas; lo que estaría hablando más que de un "problema" con Facebook, de un problema de personalidad del individuo que se refleja en su uso de Internet.

Pero para poder conocer la respuesta a esta cuestión se ha de mejorar el diseño, incorporando preguntas sobre el empleo de otras redes sociales y su frecuencia de uso.

Twitter

Uno de los principales problemas del profesional, el cuidador o el familiar de un paciente afectado con trastorno del espectro autista es estar correctamente informado. Si bien todos podemos tener unas ideas generales sobre el autismo, hasta que un familiar no se presenta con esta problemática, no existe la necesidad de profundizar en el conocimiento sobre su origen, factores desencadenantes, evolución y sobre todo tratamiento.

Hasta hace unos años el acceso a esta información especializada resultaba difícil hasta para los profesionales que debían de hacer cursos de actualización para poder conocer los avances que al respecto se iban realizando. Las consultas a las bibliotecas han dado paso a los anuarios de las revistas, y de ahí a los portales especializados, hasta las páginas web de fundaciones, federaciones y asociaciones.

Hoy en día con el desarrollo y la popularización de Internet estar al día sobre la temática de su interés, se ha convertido en una tarea relativamente más fácil para cualquier profesional, cuidador o familiar de un paciente con trastorno del espectro autista, a pesar de lo cual es necesario acudir a las redes sociales para estar al día, ya sea Facebook, Google+ o Twitter, pero ¿Puede Twitter ayudar al Trastorno del Espectro Autista?

Al menos así lo creen desde el Centro de reconocimiento de patrones y análisis de datos de la Deakin Univeristy y el National ICT (Australia) quienes han presentado sus resultados en el 2014 IEEE/ACM International Conference on Advances in Social Network Analysis and Mining.

En este caso no existen participantes, ya que se trata de un análisis matemático de los Tweets que se han remitido por Internet con alguna de las palabras en inglés "autism", "adhd", "autismawareness", "asperger" y "aspie", en total se alcanzaron a analizar 944.568 Tweets emitidos entre el 26 de agosto del 2013 y el 25 de noviembre de ese mismo año.

El principal resultado es sobre la validez de la información con alto valor, emitida por parte de las administraciones públicas, que se comparte a través de Twitter sobre la temática del Trastorno del Espectro Autista, prevaleciendo esta información, frente a la que se pueda generar por cualquier usuario particular.

Tal y como indican los autores del estudio es la primera vez que se realiza este tipo de investigación, lo que abre las puertas al estudio y análisis de las distintas psicopatologías a través de las redes sociales, para comprender cómo van evolucionando los intereses de instituciones, familiares y cuidadores de pacientes afectados por una u otra psicopatología.

Esto tiene el inconveniente que los datos solo son descriptivos, pero no se puede comparar con ningún resultado anterior, que permita comprender la evolución del uso de estos conceptos. A pesar de lo limitado de los resultados, lo que el estudio evidencia es la importancia que está teniendo cada vez más las redes sociales, tanto para los profesionales, cuidadores y familiares de pacientes con Trastorno del Espectro Autista, ya no sólo para estar al día de las últimas novedades en cuento a investigación se refiere, sino incluso para compartir sentimientos sobre todo de apoyo entre los usuarios, lo que refuerza la labor que se realiza desde las asociaciones familiares de pacientes.

Personalmente desconocía toda esta temática del análisis de grandes sumas de datos provenientes de Internet, denominados Big Data, por lo que me he adentrado en esta temática, y me he dado cuenta de que se trata de un ámbito todavía inexplorado para la psicología. Un análisis de miles o millones de datos en el que buscar patrones con los que comprender y predecir el comportamiento humano.

En el ámbito de la empresa se utiliza para conocer cómo se comportan sus clientes y usuarios, para con posterioridad tratar de predecir el comportamiento a través de análisis estadísticos y con ello optimizar los beneficios de las empresas. Por mi parte, que estoy interesado en la temática de la salud mental, traté de casarlo con Big Data.

Para conocer de qué se habla en Internet sobre esta temática, hay varias opciones, la más simple es la de contabilizar el número de grupos o foros, pero con ello sólo sabría dónde se reúnen los interesados en cada una de las temáticas específicas de la salud mental.

Pero para saber qué es lo que está pasando en la red, lo mejor es hacerlo a través de algunas de las herramientas de comunicación directa más empleadas como son los microbloggings y en concreto Twitter, por lo que inicié mi primer estudio con Big Data para contestar a ¿Cuánto se habla en Twitter sobre la salud mental?

El análisis se realizó sobre el tráfico de Twitter con respecto a la temática de la salud mental, todo ello analizado gracias a la colaboración de la empresa Cartodb. Para delimitar el concepto de salud mental se escogieron cuatro de los términos más destacados, dos correspondientes a la edad adulta, relativos a enfermedades neurodegenerativas, y dos a la edad infantil, sobre trastornos del desarrollo: la Enfermedad de Párkinson, la Enfermedad de Alzheimer, el Trastorno por Déficit de Atención e Hiperactividad, y el Trastorno del Espectro Autista, respectivamente. Lo que deja fuera otras temáticas igualmente importantes como las relativas a los Trastornos del Estado de Ánimo, especialmente el Trastorno de Depresión Mayor; o los Trastornos de la Adicción o los de la Conducta Alimentaria.

Para este estudio se analizaron todos los Tweets publicados durante un día completo de la semana anterior. En total se han analizado 11.500 Tweets geolocalizados repartidos por todo el mundo, empleando para ello el paquete estadístico SPSS v. 22, de los cuales, lo primero que hay que indicar que existe una distribución diferente en función de la temática de la conversación. Así, los temas relativos a la salud mental en adultos fueron de un 56% (tres mil quinientos Tweets sobre la Enfermedad de Alzheimer y tres mil Tweets sobre la Enfermedad de Párkinson); siendo el 44% relativo a la temática en la infancia (dos mil quinientos Tweets el Trastorno por déficit de atención e hiperactividad y dos mil quinientos sobre el Trastorno del Espectro Autista)

Hay que tener en cuenta que los términos de búsqueda en Twitter han sido en inglés, empleando las palabras claves: "parkinson"; "alzheimer", "adhd" y "autism", lo que hace que los resultados tengan que tomarse con cuidado sobre todo en lo que respecta a los países de habla no inglesa, de hecho, se escribieron 8.171 Tweets en inglés (el 71,05%); frente a los 1.252 en español (el 10,88%), lo que hace entre los dos, el 82% del total, además de otros treinta y dos idiomas más a lo largo del mundo.

En cuanto a la distribución de los Tweets en cada uno de los cuatro términos de búsqueda según el idioma, informar que el 57% de los Tweets en inglés son sobre la temática de la salud mental infantil y el 43% de los Tweets a la salud mental en adultos.

En el caso del idioma español el 99% de los Tweets correspondieron a la salud mental en adultos, ya que los términos de búsqueda se usan igual en español que en inglés. En cambio, los términos respectivos a la salud mental infantil son diferentes, de ahí su bajo porcentaje. Reseñar que, dentro de la salud mental en adultos, el 72% se corresponde a la temática del Alzheimer, mientras que el 37% corresponde a la temática del Párkinson.

Tal y como sucedía en el estudio anteriormente comentado, al tratarse de una innovadora forma de investigación, todavía no existen estudios suficientes con los que poder realizar una comparación, por lo que se requiere de nueva investigación antes de poder obtener conclusiones al respecto.

Con respecto al modo en que usamos Twitter a continuación, transcribo la entrevista que realicé sobre esta temática al Dr. David Lavilla Muñoz, Profesor Titular de Comunicación Digital y Nuevas Tendencias de la Universidad Europea:

- ¿Qué es #informetwitter y cuál es su objetivo?

El #informetwitter es una investigación, con registro en la OTRI, realizada desde la Universidad Europea de Madrid conjuntamente con dos empresas expertas en Internet y Redes Sociales para conocer cómo se comporta el usuario de este microblog. Así las cosas, la UEM y las empresas Redbility e Influenzia han extraído conclusiones sobre cuál es la manera más eficiente de comunicarse y participar en esta red social a partir de tres metodologías cualitativas: Eye Tracking, y Evaluación emocional y análisis morfológico y sintáctico del mensaje.

- ¿Cómo surge #informetwitter?

Surge de una idea inicial de la empresa Redbility para conocer mejor al usuario de esta red social y ayudar a las empresas a manejar la herramienta Twitter y comunicar mejor a través de esta plataforma.

- ¿Cuántas personas colaboran en #informetwitter?
En esta investigación colaboraron en total más de cincuenta personas. Entre ellos se destacan los usuarios avanzados de Twitter, los profesionales de Redbility, los de Influencia y los de la Universidad Europea de Madrid.

- ¿Cómo se trabaja en #informetwitter?
La empresa Redbility se encargó de las herramientas tecnológicas necesarias para realizar el estudio, con el fin de proponer su posterior análisis de la misma extracción de los datos. Influezia, aportó el conocimiento de los usuarios expertos en el uso y manejo de la red social y el Máster de Periodismo Digital y redes Sociales de la Universidad Europea de Madrid el sello de calidad universitaria, su certificación y el compromiso de generar análisis académico a partir de los datos obtenidos.

- ¿Cuál es la población objeto de estudio de #informetwitter?
Redbility empleó diferentes técnicas cualitativas para analizar la muestra -que constaba de treinta y cinco participantes divididos en usuarios expertos (heavy users) y usuarios medios (médium users), - y analizar así su información. Entre las técnicas se encontraban la observación directa, el análisis emocional, el análisis morfosintáctico y el eyetracking. Y se dividió al sujeto de estudio, según su dispositivo de uso. Todos estos usuarios fueron extraídos de la base de datos que maneja Influenza, empresa líder en España, en cuanto usuarios expertos, con repercusión mediática dentro de Internet, de un universo de ciento treinta usuarios con las características solicitadas para la realización de un estudio de este fin.

- ¿Cuáles son los resultados alcanzados por #informetwitter?
Las conclusiones, de manera más exhaustiva, se pueden observar en esta dirección: http://www.redbility.com/downloads/Conclusiones_sobre_ la_investigacion_del_comportamiento_de_los_usuarios_e n_Twitter.pdf. No obstante, entre las más significativas destacan:
a. Que Twitter alimenta el ego personal.
b. Que la espera en la apertura de links genera ansiedad.

c. Que un tweet con abreviaturas y desestructurado no funciona.

d. Que si se utiliza el humor y la ironía el tweet tendrá más éxito

e. Que escribir bien comunica mejor

f. Que los tweets enviados a primera hora de la mañana son los más leídos.

- ¿Cuáles son los objetivos a alcanzar en un futuro por #informetwitter?

El grupo #informetwitter presenta ahora una tesis doctoral que versa sobre la reputación en línea realizada por la profesora de la Universidad Europea de Madrid Mercedes Agüero Pérez. En ella se trata de constatar que todo este auge virtual en la comunicación empresarial no deja de conllevar riesgos ya que el propio usuario de Internet puede entrar en conversación otros usuarios o compañías de manera horizontal, sin jerarquías; y de esta manera beneficiar o dañar su reputación. En esta tesis, además, se ha tratado de realizar una serie de recomendaciones a las empresas para intentar favorecer la gestión de su reputación a partir de parámetros comunes observados en los usuarios avanzados de esta red social.

CAPÍTULO 6. PSICOTECNOLOGÍA

Pero la tecnología no se usa solo para contactar, compartir o comentar, también se puede emplear para acercar la terapia al domicilio de cada uno, sin necesidad de desplazarse, es lo que se denomina psicoterapia on-line o virtual.

Este es una opción que cada vez está teniendo más seguidores, sobre todo en el público más juvenil, debido a que les permite compatibilizar su día a día con recibir terapia psicológica sin necesidad de salir de casa.

A pesar de la reticencia de algunos profesionales de la salud, y de las limitaciones en cuando a la observación del comportamiento no verbal de paciente por parte del especialista, las ventajas son indudables.

Según mi experiencia acumulada de estos últimos años, el paciente se siente mucho menos cohibido a la hora de hablar y compartir, es cierto que el comportamiento no verbal puede verse mermado, pero la incorporación de la webcam con las videollamadas suple en parte esa dificultad, siendo los resultados los mismos que los que se pueden alcanzar en consulta cara a cara.

Pero si hasta ahora hemos visto cómo los medios tecnológicos tienen diferente incidencia entre sus usuarios, todavía queda un campo por comentar, y es cuando se usa esa tecnología para el diseño e implementación de software específico para el tratamiento de alguna psicopatología, que acompañe y ayude al entrenamiento de determinadas habilidades y capacidades.

Existen múltiples aplicaciones tecnológicas diseñadas para el campo de la psicología, desde aquellas que tratan de acercar la terapia a casa, a través de la psicoterapia on-line, hasta el software creado para ayudar al tratamiento de los pacientes o en el entrenamiento de algunas habilidades cognitivas como la memoria.

Una de las mayores incidencias cognitivas sobre la vida es cuando se ve afectada la memoria de trabajo, ya que esto provoca grandes problemas a la hora desenvolverse, perjudicando en su autonomía. La memoria de trabajo es aquella que permite trabajar en el aquí y el ahora, recordando lo que se tiene que hacer, para seguir un objetivo o tarea.

Si se lesiona la memoria de trabajo, la persona se puede encontrar totalmente "perdida", ya que inicia una actividad, como la de ir a comprar el pan, y a mitad del camino se queda "en blanco" sobre a dónde iba y por qué. Igualmente, cuando se mantiene un diálogo con otra persona, se requiere ese tipo de memoria, para seguir "el hilo" de la conversación. Si se tiene dañada esta capacidad, pronto la persona se "perderá" y no sabrá de qué se está hablando, o tenderá a repetir los mismos argumentos una y otra vez, porque no se acuerda de haberlos dicho antes.

La afectación de la memoria de trabajo se produce tanto desde el envejecimiento normal de la persona como desde algunas psicopatologías como es el caso de la Enfermedad de Alzheimer, pero también se pueden ver casos en jóvenes afectados con T.D.A.H. (Trastorno de Déficit de Atención con Hiperactividad), donde algunos autores defienden que mejorando la memoria de trabajo, los niños con T.D.A.H. mejoran significativamente su capacidad de concentración y de atención sostenida, pudiendo mantener unos niveles similares al resto de sus compañeros.

Como vemos es importante conocer en qué consiste la memoria de trabajo, pero, sobre todo, saber si se puede entrenar satisfactoriamente cuando se ha observado que empieza a fallar.

Eso es precisamente lo que se ha tratado de averiguar con un estudio realizado conjuntamente por la Universidad de Oregón, la Universidad Tecnológica de Luisiana, la Universidad de California, y el Instituto Tecnológico Rose-Hulman (EE.UU.) cuyos resultados han sido publicados en la revista científica Journal of Behavioral and Brain Science.

En el estudio participaron treinta jóvenes con edades comprendidas entre 18 a 31 años, a los cuales se lo asignó a uno de los tres experimentos siguientes: Evaluación inicial; Experimento de entrenamiento; Evaluación de la Transferencia. Todos estos experimentos se realizaron poniendo al sujeto frente a la pantalla del ordenador mientras se le pedía que realizase una tarea que implicaba la memoria de trabajo.

En la fase de entrenamiento únicamente participaron la mitad de los sujetos a los que se les entrenó durante dos horas al día durante doce semanas. Al final de las mismas todos los participantes, con y sin entrenamiento, pasaron por la evaluación de la transferencia para comprobar si había diferencias entre ellos.

Los resultados informan de que no se produjeron diferencias entre los dos grupos en el primer experimento, mientras que en la fase de evaluación de la transferencia mostraron importantes mejoras en el grupo que recibió entrenamiento específico sobre la memoria de trabajo.

Además de las medidas conductuales anteriormente comentadas, la investigación recogió la actividad eléctrica del cerebro mostrando cómo los participantes entrenados tenían una mayor actividad en las áreas prefrontales del cerebro, precisamente donde se ha observado que está involucrada la memoria de trabajo.

Aunque el estudio se ha realizado con pocos participantes, parece señalar positivamente sobre los beneficios esperables al mejorar significativamente la memoria de trabajo en tan solo veinticuatro horas de entrenamiento.

Basado en lo anterior, queda todavía por adaptar los materiales experimentales empleados, para su utilización en las distintas poblaciones a las que se quiere aplicar, para poder así garantizar su eficacia tanto en jóvenes como en mayores. Ya que supone un gran avance, el saber que con un "pequeño" entrenamiento se puede recuperar una capacidad cognitiva tan importante y fundamental en el día a día como es la memoria de trabajo.

Este sería un ejemplo de cómo el diseño científico de software de entrenamiento de determinadas habilidades cognitivas que ofrece garantías en cuanto a los resultados esperables.

Desde hace algunos años se está generalizando la idea errónea de que el Alzheimer se puede prevenir con solo practicar unos veinte minutos al día con programas de Brain-training. Entre los defensores de esta opinión están, por supuesto, los diseñadores y creadores de estos programas de entrenamiento.

No faltan actualmente Apps y software para tabletas que se venden como la panacea de la salud mental. Defendiendo que, al igual que uno acude a un gimnasio para mantenerse en forma con ejercicios regulares y periódicos, igualmente ejercitada durante quince o veinte minutos al día con uno de sus programas, se mantiene la mente en forma.

De hecho, basan esta teoría en algunos estudios que validan la eficacia de hacer algo frente a no hacer nada. Así se han desarrollado multitud de programas informáticos para la memoria, la atención, la perfección o cualquier otra capacidad cognitiva que se pueda entrenar. En algunos casos se trata de incorporar al ordenador las sesiones de entrenamiento neuropsicológicas tradicionales. Los programas más actuales se venden adaptados al nivel de desempeño de cada persona, pero ¿Son útiles los programas de entrenamiento mental para la lucha contra el Alzheimer?

Desde los colegios profesionales de psicología y los centros de investigación de Estados Unidos, se ha cuestionado la eficacia y efectividad de estos programas. Señalando que la falta de rigor científico en su diseño y el hecho de no tener un profesional que los supervise, impiden comprobar la efectividad en los pacientes. Además, avisan de los peligros subsiguientes de abandonar otras prácticas saludables, centrándose exclusivamente en los supuestos beneficios de estos programas, tal y como sucedería si alguien intenta ponerse a dieta a través de la ingesta de pastillas, sin hacer nada por controlar la cantidad y calidad de lo que come, o sin hacer siquiera un poco de ejercicio diario.

Sabiendo que en el caso de las enfermedades neurodegenerativas como el Alzheimer, donde existe una base biológica de deterioro a nivel neuronal, no se ha comprobado la eficacia de estos programas, dando falsas esperanzas tanto a pacientes como familiares sobre un producto que no está diseñado inicialmente para combatir la enfermedad de Alzheimer.

Es por ello que hay que conocer hasta qué punto se trata de un "juego mental", que sirve para entretener y mantener algunas habilidades cognitivas, pero con una eficacia bastante limitada. Salir a pasear, leer libros o mantener una buena conversación con algún familiar o amigo, tienen una mayor incidencia sobre el cerebro que los juegos de entrenamiento mental.

Por lo que hay que poner en su justo valor estos nuevos desarrollos, sabiendo que cuando se presenta la enfermedad deben de seguirse exclusivamente las indicaciones del especialista y no tratar de buscar "atajos" o de emplear herramientas no suficientemente validadas.

A continuación, se presenta la entrevista realizada a Dª Daniela Galindo Bermúdez, Presidente de Hablando con Julis: la solución para la comunicación y el aprendizaje de personas con discapacidad.

- ¿Qué es Hablando con Julis y cuál es su objetivo?
Hablando con Julis, es una institución sin ánimo de lucro, que crea la solución comunicativa y de aprendizaje para personas con discapacidad.

La base del desarrollo de cualquier persona está en la comunicación, si no se puede expresar las necesidades, sentimientos o pensamientos no se será entendido ante el mundo exterior limitándonos el acceso a espacios educativos, laborales y sociales.

Hablando con Julis es esa solución para que cualquier persona pueda comunicar sus deseos a otra persona sin problemas de entendimiento. Todo a través de imágenes, voces, palabras y videos de la Lengua de Señas.

Comunicarse no es únicamente hablar, es también leer y escribir; muchos de nuestros usuarios tienen dificultades en el habla, en la lectura y/o en la escritura, pero gracias a Hablando con Julis han encontrado esa herramienta que les refuerza esas necesidades partiendo de sus habilidades.

- ¿Cómo surge Hablando con Julis y a quién va dirigido?

Hablando con Julis nace de un reto personal. Mi hermana Julis, tiene una discapacidad para hablar. Ella escucha perfectamente pero no habla. Desde muy pequeña aprendió a comunicarse a través de la Lengua de Señas, pero: ¿Qué pasa si ella quería decirle algo a su abuela? O ¿qué pasa si ella quisiera comprar algo? NADIE LA IBA A ENTENDER PORQUE NADIE APRENDERÍA LENGUA DE SEÑAS POR ELLA.

Mi papá un poco inquieto ante esta dificultad, decidió hacer una herramienta que le permitiera a ella comunicarse con cualquier persona y que también cualquier persona pudiera comunicarse con ella y ese es el resultado de Hablando con Julis.

Hoy en día nuestra solución está siendo utilizada por personas con Síndrome de Down, Autismo, Parálisis Cerebral, Déficit Cognitivo, Sordos, Sordo-Ciegos, y personas que por enfermedad o accidente perdieron la capacidad para hablar.

- ¿Se requiere de alguna capacidad mínima para poder utilizar Hablando con Julis?

Hablando con Julis no exige ninguna capacidad mínima para utilizarlo. Dependiendo de cada caso se adapta la solución para que la pueda usar. Por ejemplo:

a. Personas que por dificultades motoras no tengan posibilidad de utilizar un computador. Cada persona es diferente por lo que entraríamos a analizar la mejor forma para que se acerque al equipo. Existen ayudas externas como hardware que facilita el uso del computador como Mouse Gigantes, Licornios, Pulsadores, entre otros. Si esto no sirviera, lo hemos trabajado con ayuda de alguien más en donde el usuario personal indica (no importa la forma) la imagen que quiere seleccionar y la persona ayudante va y lo escoge por él.

b. Personas que se les dificulta la sincronización del uso del mouse: hoy en día existen varios computadores "touch" que nos eliminan el uso del mouse. Si no existiera la posibilidad de obtener uno, existe la opción de tener una ayuda externa para que le colabore en la escogencia del vocabulario a comunicar. Dentro de nuestra experiencia, personas que hemos encontrado sin manejo de mouse, con actividades de interés en relación a su comunicación y sus gustos, hemos logrado que en un mes esté trabajando con el equipo completamente solo.

Para Hablando con Julis la discapacidad no es una limitación, solo es una forma diferente de hacer las cosas. Siempre hay mil maneras de hacer lo propuesto, solo necesitamos un poco más de dedicación y compromiso para lograr las metas propuestas.

- ¿Qué aporta Hablando con Julis frente a otros softwares orientados a la rehabilitación neurolingüística?

Hablando con Julis permite la comprensión (decodificación) del lenguaje de forma más clara y cercana a la persona, por medio de la relación que existe de la imagen, la palabra y la voz; al tener la posibilidad de observar, recordar y relacionar estos tres pilares por medio del uso de Hablando con Julis.

A nivel de la expresión, la persona tiene la posibilidad de encontrar con mayor facilidad las imágenes-palabras que necesita para comunicarse. Todos pensamos lo que queremos comunicar por medio de imágenes que al pronunciarse se convierten en palabras. Hablando con Julis, para quienes presentan dificultades en su comunicación oral, se convierte en el método fácil, práctico y efectivo que permite exteriorizar la imagen mental en la imagen del software permitiendo también comprender mejor lo que se su interlocutor desea expresarle.

En el caso del aprendizaje de la lectura y la escritura, además de la ventaja de contar con imágenes, palabras, voces y señas (para los usuarios de estas); la visualización de los marcos de colores que acompañan los diferentes grupos de palabras, aportan a la persona una mejor comprensión de la estructura gramatical, permitiéndole escribir siendo consiente del uso adecuado de los elementos gramaticales y de la intención del texto (si es una pregunta, una afirmación, una admiración, entre otras) y leer teniendo presente la organización de las palabras y por consiguiente la comprensión del mensaje.

- ¿Bajo qué sistemas funciona, Windows, Mac, Linux?, ¿Bajó qué medios funciona PC, Tablet, Smartphone?
Hablando con Julis funciona para Sistemas Operativos Windows y es instalable en Computadores.

- ¿Cuáles son los logros alcanzados por Hablando con Julis?
  Hablando con Julis ha llegado a más de cuatro mil doscientas personas en Latino América quienes hoy se benefician de una comunicación diferente y eficiente. Son personas que están siendo incluidas en sus familias, en sus instituciones educativas, laborales y sociales.
Por otro lado, Hablando con Julis ha tenido grandes reconocimientos Nacionales e Internacionales:
En 2013 obtuvimos el segundo lugar en un premio organizado por Cisco Systems a Nivel Internacional. El premio "Connecting the Unconnected" nos dio el Primero Lugar como mejor Historia y el Segundo Lugar a nivel General.

También en 2013, obtuvimos una Mención de Honor del Ministerio de Cultura de Colombia en el Laboratorio C3+d.

En el 2014, hemos sido nombrados como finalistas del Mundial de Emprendimiento: MassChallenge, que se organiza en Boston, Estados Unidos; y quienes reúnen a las ciento veintiocho empresas del mundo con mayor potencial de crecimiento, impacto e innovación.

- ¿Cuáles son los objetivos a alcanzar en un futuro por Hablando con Julis?

Nuestros objetivos:

*Llegar a todas las personas que necesiten de Hablando con Julis para encontrar esa solución comunicativa y de aprendizaje.

*Crear un impacto social en donde las personas no miren la discapacidad como algo limitante sino como una manera diferente de hacer las cosas que llevan a resultados en donde se tenga las mismas oportunidades educativas, laborales y sociales.

*Cambiar la percepción de discapacidad por medio de resultados visibles y viables para una real inclusión social.

Esto es únicamente posible gracias al apoyo de personas y empresas que decidan apoyar a Hablando con Julis en su camino por entregar la solución completa a todas las personas.

Pero las aplicaciones específicas no se quedan únicamente ahí, sino que actualmente de forma experimental se está estudiando cómo incorporarlas a la vida de la persona allá donde se encuentre.

Tal es el caso de los dispositivos móviles o de la robótica, tal y como se comenta a continuación.

Uno de los mayores esfuerzos en la actualidad se hace con respecto al tratamiento del Alzheimer buscando enlentecer el proceso degenerativo hasta detenerlo.

El revertir los efectos del Alzheimer es lo esperable y deseable por los investigadores y familiares del paciente, pero cuando se trata de estructuras dañadas, como en el caso de las neuronas, es muy difícil de conseguir su recuperación, a pesar de lo cual es lo que en definitiva busca el tratamiento del Alzheimer.

De ahí que se estén desarrollando fármacos y explorando distintos tipos de tratamientos, como el genético, en busca de una "solución" que palíe el avance de esta enfermedad.

Mientras tanto se han desarrollado una serie de técnicas neuropsicológicas con las que compensar las deficiencias que va progresivamente provocando la enfermedad de Alzheimer.

En los últimos años y gracias al avance y expansión de la tecnología se han desarrollado programas o apps destinadas a automatizar algunas de las tareas que se realizan con el neuropsicólogo en la neurorehabilitación.

Igualmente, y desde otras ramas como la ingeniería han tratado de aportar sus avances en la mejora de la calidad de vida del paciente, como es a través de la robótica, que se convierten en verdaderos asistentes automatizados que incorporan programas con los que estimular a los pacientes con la enfermedad de Alzheimer, pero, ¿Los robots son buenos para el tratamiento del Alzheimer?

Esto es lo que trata de averiguarse desde el Toronto Rehabilitation Institute, la Universidad de Toronto (Canadá) y la Universidad de Massachussetts Lowell (EE.UU.), cuyos resultados fueron presentados en el 5th Workshop de S.L.P.A.T. (Speech and Language Processing for Assistive Technologies) y publicado en las memorias de dicho congreso.

En el estudio participaron diez adultos mayores de 55 años, de los cuales seis eran mujeres, todos diagnosticados con la enfermedad de Alzheimer. Los participantes recibieron un robot teleasistido, con una pantalla de plasma incorporada donde aparecían distintos mensajes orientados al tratamiento del Alzheimer, estas eran pequeñas tareas que debían realizar los pacientes, habituales en la neurorehabilitación. Las instrucciones además de leerse en la pantalla eran leídas por el ordenador mediante un programa T.T.S. (Text-To-Speech).

Se realizó una evaluación previa y posterior a la implantación del asistente robotizado para comprobar sus efectos en uno de los factores afectados por el Alzheimer como es el lenguaje, en concreto con respecto al reconocimiento de voz. Se observó un incremento significativo del reconocimiento de voz de frases cortas y largas, extraídas tras una entrevista tanto al paciente como a su cuidador.

Aunque los resultados son claros en cuanto a los beneficios del uso de robots adecuadamente programados, todavía queda la necesidad de reducir el coste de estos robots para que puedan estar disponibles para cualquier familiar para poder así extender el tratamiento del Alzheimer a todos aquellos que lo necesiten.

CONCLUSIONES

El ámbito de estudio de la Psicología abarca a cualquier actividad humana, para comprender cómo se produce esta, y qué influencia puede tener esta en su vida, de ahí que se incluya una actividad cada vez más frecuente tanto en adultos como en jóvenes, el uso extendido e intensivo de Internet, especialmente en cuanto al manejo de las redes sociales.

Aspecto que en poco tiempo ha cambiado la forma de "ver el mundo" y de interactuar con los demás, abriéndonos a nuevas posibilidades a la vez que hay que cuidarse de nuevos peligros de la red, como el ciberacoso o la ciberadicción.

En este e-book se han abordado los aspectos más destacados de la incorporación de la tecnología a la vida de los usuarios desde un punto de vista psicológico.

Una perspectiva novedosa, en donde se examina el papel del individuo en este cambio, y cómo va transformando su forma de pensar y sus relaciones sociales.

Este es el primer libro de una colección que trata de explorar en profundidad la influencia de la tecnología en el mundo psicológico desde distintas perspectivas.

Una temática tan nueva que apenas existen escritos al respecto, siendo este el primer libro publicado en español en el mundo sobre la CiberPsicología.

SOBRE JUAN MOISÉS DE LA SERNA

Es Doctor en Psicología, Master en Neurociencias y Biología del Comportamiento, y Especialista en Hipnosis Clínica, reconocido por el International Biographical Center (Cambridge - U.K.) como uno de los cien mejores profesionales de la salud del mundo del 2010. Desarrollando su labor docente en distintas universidades nacionales e internacionales.

Divulgador científico con participación en congresos, jornadas y seminarios; colaborador en diversos periódicos, medios digitales y programas de radio; autor del blog "Cátedra Abierta de Psicología y Neurociencias" y de diecisiete libros sobre diversas temáticas.

Actualmente desarrolla su labor de investigación en el ámbito del Big Data aplicado a la Salud, para lo cual trabaja con datos provenientes de la India, EE.UU. o Canadá entre otros; labor que complementa con la asesoría a Startups tecnológicas orientadas a la Psicología y el Bienestar personal.

www.ingramcontent.com/pod-product-compliance
Lightning Source LLC
LaVergne TN
LVHW052312060326
832902LV00021B/3849